Alexander Giese

Reich ohne Geld

Alexander Giese

Reich ohne Geld

Anleitung
für ein
unzeitgemäßes Leben

ecowin

Giese, Alexander
Reich ohne Geld. Anleitung für ein unzeitgemäßes Leben
Salzburg: ecowin Verlag der TopAkademie GmbH, 2005
ISBN 3-902404-18-3

Unsere Web-Adressen:

http://www.ecowin.at
http://www.topakademie.com

Umschlag: Rafal Olbinski, www.adwerba.at

Gesamtherstellung: Druckerei Theiss GmbH, A-9431 St. Stefan
Printed in Austria

… für Ingrid

Mein besonderer Dank gilt
Susi Bielik und *Ingrid Umek*,
ohne die dieses Buch
nicht zustande gekommen wäre.

… WARUM IHR LEBEN SO AUSSIEHT, …

Irgendeinmal stellen Sie sich die Frage warum Ihr Leben so aussieht, wie es eben jetzt ist und ob es vielleicht ganz anders sein könnte. Erwarten Sie nicht, dass ich Ihnen einen guten Rat geben könnte, wie Sie Ihr eigenes Leben besser und schöner gestalten. Das können nur Sie selbst. Aber auf dem Weg dahin möchte ich Sie gerne begleiten. Letztlich können nur Sie allein entscheiden, ob diese meine Begleitung für Sie nützlich oder unnütz war.

Diese kleine Schrift ist jedoch kein weiterer Beitrag zur Flut der jetzt so modern gewordenen esoterischen Ratgeber, und ich selbst tauge keineswegs zu einem Guru. Nicht von mir werden Sie beraten, sondern von Ihrem eigenen Selbst.

Vielleicht dürfen wir unsere gemeinsame Wanderung so beginnen:

Erinnern Sie sich: Von Kindheit an wurden wir in der besten Absicht uns zu erziehen ständig einem fremden Willen unterworfen. Natürlich war das zu unserem Besten gedacht. Erziehung im landläufigen Sinn ist zumeist Fremdbestimmung, zur Reife jedoch gehört mehr. Auch in unserem späteren Leben sehen wir uns immer wieder Vorgesetzten, Konkurrenten, ja selbst Vertrauten und lieben Personen gegenüber, die es – letztere in der besten Absicht – darauf anlegen, uns ihren Willen aufzuzwingen, uns für ihre Ideen aufzuschließen, praktisch uns einer weiteren Phase der Fremdbestimmung zu unterwerfen. Das alles klingt nun überaus dramatisch und brutal. Im täglichen Leben, in unserem Alltag vollzieht sich diese Prozedur jedoch fast unmerklich.

Also noch einmal: Jeder Einsichtige wird eine sorgsame, behutsame Erziehung, die sowohl versteht Grenzen zu setzen als auch Freiheiten zu gewähren, als notwendig und richtig beurteilen.

Überlegen Sie jedoch, ob Ihnen die auferlegten Gebote und Verhaltensweisen willkommen waren, ob Sie sie akzeptierten oder dagegen rebellierten.

Wenn wir das Glück hatten, in eine halbwegs vernünftige Familie hineingeboren zu werden, so erfuhren wir beides: Fremdbestimmung und jene kostbare Anleitung, sich selbst frei entwickeln zu dürfen. Leider müssen wir annehmen, dass eine große Anzahl von Menschen diese Freiheiten weder erlebt haben, noch dass sie ihnen gelehrt wurden, und dass in ihnen der Wille zur Selbsterziehung verkümmert ist.

Offenbar stehen wir immer der Frage gegenüber: Wie sollen wir leben? Diese Frage wollen wir nun versuchen zu beantworten. Nein! Nicht wir wollen es versuchen, sondern Sie sollen es versuchen.

Inhaltsverzeichnis

Mensch Sein

Der deutsche Philosoph Herder beginnt sein Buch über die Erziehung des Menschengeschlechtes mit dem kapitalen Satz: Die Erde ist ein Stern unter Sternen.

Natürlich weiß Herder, dass die Erde ein Planet ist, aber auch wir Menschen auf diesem Planeten sind aus Sternenstaub geschaffen und somit Bestandteil dieser ewig werdenden und vergehenden Materie, wobei uns im Augenblick noch die Maßstäbe fehlen, um jenen Teil der ungeheuren schöpferischen Kraft, die diese Kette von Universen in Gang hält, zu erfassen.

Und doch haben wir als Menschen sichtbaren Anteil an diesem unbegreiflichen Wunder. Die Tatsache, dass wir Kinder zeugen und gebären können und mit jedem neuen Menschen wieder ein Kosmos entsteht, ist wahrhaft unserer Bewunderung würdig. Wir tun auch alles als Eltern, als Erzieher, dieses Kind, das ja die Fortsetzung von uns selbst ist, gesund aufzuziehen, es zu ernähren, zu bekleiden, ihm eine Erziehung angedeihen zu lassen, und wir erwägen dann, zur gegebenen Zeit, welchen Beruf diese Tochter oder dieser Sohn ausüben kann oder soll. Sehr lange Zeit ist daher dieses Kind von uns, durch uns bestimmt, unterliegt gewissermaßen einer Fremdbestimmung, der es auch im späteren Leben immer wieder begegnen wird. Ich stelle mir vor, dass es nicht genügt, einen Menschen aufzuziehen und auf einen Beruf vorzubereiten, denn dieser, mein Nachkomme, wünscht nämlich darüber hinaus zumindest zwei fast unerreichbare Ziele zu verfolgen: Glück und Freiheit.

Glücklich jedoch kann ein Mensch nur selbst werden, und kaum jemand kann ihm dabei helfen. Freiheit wird uns immer nur in Portionen zuteil und kann nur in einer Ordnung verwirklicht werden, da sie sonst im Chaos münden würde. Ich denke, es gibt für jeden Menschen über seinen Berufswunsch und über seine Existenzsicherung hinaus ein geheimes Ziel, das freilich nur er selbst erreichen kann, wozu er jedoch des äußeren Anstoßes, einer gewissen Anleitung und Mithilfe bedarf.

Was meine ich? Und wie soll ich das, was ich meine, beschreiben? Ich glaube, dass jeder Mensch über die notwendige Pflicht sich zu erhalten auch die Aufgabe in sich fühlt, alle seine Fähigkeiten so auszubauen, dass er so etwas wie eine harmonische Persönlichkeit wird. Man kann nicht alles wissen und lernen. Die Welt ist unendlich. Goethe sagt: „Willst du ins Unendliche schreiten, gehe im Endlichen nach allen Seiten."

Man verzeihe mir, wenn ich das ziemlich einfach ausdrücke: Wir alle haben, um ein Mensch zu werden, eine doppelte Aufgabe, nicht nur die der Erhaltung und Reproduktion unseres Daseins, sondern auch diejenige, die Fülle des Daseins anzustreben und zu erreichen. Man kann mir entgegnen, dass sich in unserer kapitalistischen Welt die Schere zwischen Arm und Reich immer weiter auftut und dass es für Milliarden von Menschen immer schwerer wird, ihre Existenz zu sichern. Aber dennoch bleibt immer Zeit und Gelegenheit sich der zweiten wesentlichen Aufgabe zu widmen – nämlich reich zu sein ohne Geld. Das ist keine Vertröstung auf ein Jenseits und keine Abkehr von der notwendigen Verbesserung unserer Lebenswelten. Hunger und Not sind die größten Feinde unseres Geschlechtes. Vollkommenheit aber wird nur erreicht, wenn über die Sicherung der bloßen Existenz hinaus der Mensch zum Bewusstsein eines zwar nie erreichbaren, aber immer anzustrebenden geistigen Reichtums kommt.

Über Leidenschaft

Die antiken Philosophen beschäftigten sich sehr intensiv mit der Bekämpfung menschlicher Leidenschaften. Die Stoiker gingen so weit, dass sie totale Gelassenheit propagierten und jedwede Äußerung einer – vielleicht zu heftigen – Anteilnahme sich und anderen verboten. Die Schule Epikurs hingegen suchte ihr Glück in einer allseitig ausgewogenen Gemütslage.

Unsere jungen Menschen benutzen sehr häufig das Wort „cool“, das meines Wissens nach sehr vielfältig angewendet werden kann. Es ist erstaunlich, wofür unsere Jugend das Wort „cool“ verwendet, höchst allseitig und auch für Personen und Verhältnisse, für Konsumgüter aller Art. Ich weiß nicht recht, was der wahre Inhalt dieses Wortes ist. Offenkundig wird es mit Leidenschaft verwendet, mit einer Leidenschaft, die sich selbst nicht zugestehen will, eine solche zu sein. Was Leidenschaft bewirken kann, ist unser aller Erfahrung nach sehr vielseitig.

Das Sprichwort „Eifersucht ist eine Leidenschaft, die mit Eifer sucht, was Leiden schafft“ legt den Kern des Wortes frei. Beim ersten Anhören denken wir nämlich nicht an Leiden, an Schmerzen, an Ungemach, sondern der Gewohnheit nach an eine überaus gesteigerte, uns euphorisch mitreißende Gemütslage. Was heißt Lage, wir denken an einen Gemütssturm, wenn es dieses Wort überhaupt gibt.

Die seelische Verfassung gibt es. Gemäß unseres moderaten Seelenzustandes in unserer so genannten aufgeklärten Zivilisation sind wir geneigt alle Leidenschaften zu verurteilen, in ihnen eine negative Ausformung unseres psychischen Zustandes zu sehen und uns vor uns und unseren

Mitmenschen so darzustellen, als ob wir Herrin oder Herr unserer Leidenschaften wären.

Was ist schlecht an den Leidenschaften? Und was ist an ihnen gut? Wenn sie uns unserer Vernunft berauben, uns unfähig machen, sachgemäß, rationell zu handeln, wenn sie uns und unsere Mitmenschen in Gefahr bringen, an Leib und Leben schädigen oder auch „nur" in Angst versetzen, dann darf man sie als schädlich bezeichnen. Man darf nicht nur, man muss es.

Ist aber nicht in jedem Sammler, in vielen Künstlern, in erfolgreichen Kaufleuten, in gläubigen Gottesdienern, in rasend Verliebten, aber auch in Vätern und Müttern zumindest immer ein Funken Leidenschaft vorhanden, der sich zur gegebenen Zeit in ein starkes Feuer, vielleicht sogar in einen Flächenbrand verwandeln kann? Ist es nicht so, dass ohne visionäre Leidenschaften vieles in der Welt weder er- noch gefunden, vieles nicht entwickelt worden wäre? Die Sache mit den Leidenschaften ist also durchaus ambivalent, wie übrigens sehr vieles, ja das meiste in unserer Welt.

Eine traditionelle, rigorose, angeblich auf christlichen Werten aufbauende Erziehung versucht unsere Leidenschaften, sofern sie offenkundig aus unserem Triebleben erwachsen, einzudämmen, zu unterdrücken und als böse darzustellen. Da war Epikur vernünftiger. Er hielt es mit der Ausgewogenheit und wusste sehr wohl, dass alle unsere Triebe, die organisch-biologischen, wie auch unsere geistigen Interessen (die sich durchaus zu Leidenschaften entwickeln können) mit richtigem Verständnis, positiv, dem Aufbau unserer Persönlichkeit dienen können. Nicht alles, was „cool" ist, ist lebensfördernd, nicht alles, was unter dem Titel Leidenschaft verzeichnet wird, ist lebenszerstörend.

Der Eifersüchtige terrorisiert seine Partnerin, er kontrolliert sie, er beobachtet jeden ihrer Schritte, bringt sie mit seiner Eifersucht zur Verzweiflung. Und täglich lesen wir

Nachrichten, dass Eifersüchtige ihre Opfer verletzen, töten, somit sich selbst und ihren Partner aus der Welt der Vernünftigen ausschließen.

Nun müssten wir überlegen, woher diese Leidenschaften stammen, wie wir sie zähmen können, wie wir ihrem negativen Aspekt eine positive Wendung geben können. Welche Leidenschaft beherrscht Sie? Ich wette, dass Sie mir antworten werden: „Keine" – bin aber nicht sicher, ob Sie eine genaue Gewissenserforschung vorgenommen haben. Es steht mir auch nicht zu, das von Ihnen zu verlangen, aber vielleicht macht es Ihnen Spaß, den Versuch der Selbsterkenntnis zu wagen.

Und vielleicht noch eines: Ist es wirklich erlaubt zwischen negativen und positiven Leidenschaften zu unterscheiden?

Seltsame Kunst – Vorauswissen

In alten Zeiten wurde vermutlich das Wissen nicht unterteilt. Der Wissende verfügte über einen Erfahrungsschatz, d. h. er kannte sich in der Geschichte seiner Vorfahren aus, er wusste um das Wissenswerte in der Gegenwart, und sehr viele Wissende verfügten über ein Vorwissen, eine Art Ahnung von dem, was die Zukunft zu bringen imstande wäre.

Diese Personen, die wir aus der Bibel unter dem Namen Propheten kennen, die in der klassischen Antike die Bezeichnung „Vates“ hatten, waren hoch geschätzte Persönlichkeiten. Und wie wir uns aus dem Schulunterricht erinnern, bedienten sie sich einiger Requisiten, so z. B. der Innereien von Tieren, der Beobachtung des Vogelfluges, der Einatmung von betäubenden Dämpfen oder des einfachen Werfens von Stäben auf den Erdboden.

Die Liste könnte verlängert werden, obwohl es meiner Meinung nach ein unendliches Feld des Wissens gibt, das wir nie zur Gänze erlernen können, beschäftigt doch in der Gegenwart das Wissen von der Zukunft ganze Industriezweige. Nahezu wissenschaftliche Methoden werden ausgeklügelt, um nicht blindlings zu planen. Industrie, Wirtschaft, die politischen Parteien und die Regierung möchten sehr gern wissen, was uns die Zukunft bringt. Das Wort Prognose bedeutet wortwörtlich Vor- oder Vorauswissen.

Nun sind es wir selbst, die die Zukunft gestalten, und es wäre vermutlich intelligenter, genauer zu wissen wer wir selber sind, wozu wir fähig sind.

Jeder von uns aber weiß, dass die Zukunft in Wahrheit nicht zu entschlüsseln ist, weil in dem schier unermesslichen

Netzwerk aller möglichen Ereignisse der kleinste Zufall größte Auswirkungen haben kann. Nun ist kaum zu verstehen was Zufall ist. Man könnte meinen, dass Zufall etwas Geheimnisvolles, Übernatürliches, vom Glück oder Schicksal Abhängiges sei.

Und doch ist Zufall nur jenes Ereignis, dessen Ursache wir nicht erkannt haben und das unerwartet in eine Kette von Ereignissen eintritt. Alle Zukunftsforscher versuchen Trends, die sich in der Gegenwart abzeichnen und die stark genug sind, dass man ihnen eine gewisse Dauer zumuten kann, in die Zukunft hinein zu verlängern und ihre möglichen Wirkungen abzuschätzen.

Kein Zukunftsforscher kann mit dem Zufall rechnen, der ja eo ipso unberechenbar ist.

Alle Methoden, alle Hochrechnungen, alle Interviews, die sich mit der Zukunft beschäftigen, haben daher drei Möglichkeiten Szenarien vorzubereiten, die entweder optimistisch, pessimistisch oder halbwegs wahrscheinlich sind.

Die Seherin Cassandra, der Seher Teiresias, die Priesterin Pythia sind die legitimen Vorläufer unserer modernen Zukunftsforscher. Ihre Voraussagen waren kaum weniger erfolgreich als die ihrer modernen Kollegen, aber ebenso oft reine Misserfolge. Eines glaube ich sicher: Besser als jede Zukunftsforschung scheinen mir Vertrauen, Mut und Energie in der Gegenwart.

Was ist wissenswert und was nicht?

Darauf gibt es zunächst nur eine egoistische Antwort: Für mich ist wissenswert, was mir Spaß macht, was mir nützt, was mich fördert – alles das, womit ich Geld verdienen kann. Für mich ist wissenswert, was meine Neugier befriedigt, was mir über meine Mitmenschen Neues und Überraschendes mitteilt. Für mich ist wissenswert, was in meiner Familie, meinem Freundeskreis, was in meiner Stadt, in meinem Land, was in der Welt passiert.

Also im Grunde recht viel, und diese Neugier wird ja von einer Unzahl von Medien befriedigt. Ist es wirklich wissenswert? Wie unterscheide ich Wissenswertes von Nutzlosem? Ist das Nutzlose nicht wissenswert? Würde ich diese Entscheidung treffen, dann schlösse ich den gesamten Bereich der Kunst, der Musik, der Malerei aus meinem Leben aus. Kunst ist zwecklos. Musik hat ebenfalls keinen realen Zweck, ebenso wenig die bildenden Künste. Und doch wird niemand leugnen, dass ein Leben ohne die Musik Mozarts, die großartigen Bilder der alten und neuen Maler, etwa die Rembrandts, Goyas oder auch Picassos und Kurt Regscheks, farblos, uninteressant und nicht lebenswert wäre.

Es scheint mir, dass man sich möglichst früh im Leben überlegen sollte, welches Wissen man erwirbt. Da wir, wie an anderer Stelle erörtert wird, lebenslang lernen müssen um zu überleben, ist natürlich die Berufsausbildung unabdingbar. Sie allein jedoch scheint mir ein bloßes Gerippe, eine bloße Maschine zu sein. Das wirklich Wissenswerte verbirgt sich hinter so nebulosen Worten wie Geist, Seele, Erlebnis. Und tatsächlich versucht ja jeder Mensch, gleichgültig welchen sozialen oder bildungsmäßigen Standards, sich auf seine Weise wissenswerten Genuss zu verschaffen. Der eine vergnügt sich an Popmusik, der andere geht zu einem Konzert von Schostakovitsch. Der eine liest Comics, ein anderer Goethe oder Heinrich Heine. Es gibt jedoch auch Menschen, die aufs Lesen verzichten und ihren Wissenserwerb mehr oder weniger dem Zufall überlassen, und das ist schade.

Es ist jedoch sehr vernünftig, und das macht im Grunde jeder Fachwissenschafter, sich auf einen Wissensbereich zu beschränken. Goethe sagt: Was dir nicht angehört, das sollst du meiden. So wie man Vorlieben für bestimmte Farben, Kleider, Schmuckgegenstände haben darf und soll, sollte man sich möglichst früh darüber klar werden, welchem Wissensgebiet man seine besondere Aufmerksamkeit zuwendet. Hat man eine Hauptidee von dem gefasst, womit man sich in erster Linie beschäftigen will, so kann man gleichzeitig oder später weitere Disziplinen anstreben und in sie eindringen.

Und daher ist es sehr wichtig, dass man diese Entscheidung trifft. Wir leben in einer Gesellschaft, deren Produktionsmechanismen, deren Sozialformen, deren Informationssysteme sich im Augenblick vollkommen neu aufbauen. Wer hier mitkommen will, wer nicht zurück bleiben will, muss das wirklich Wissenswerte anstreben. Aber das muss jeder für sich selbst entscheiden!

Ist Wissen wirklich Macht?

Die Arbeiterbewegung des 19. und 20. Jahrhunderts hat in Europa aus verständlichen Gründen unter anderen Schlagworten auch jenes geprägt, das überaus hoffnungsvoll die Meinung vertrat Wissen sei Macht.

Sie hat damit im Prinzip eine der Kernwahrheiten unseres Menschengeschlechtes ausgesprochen. Nur stellt sich heraus, dass bloßes Wissen weder dem Einzelnen noch der Gemeinschaft eine echte Bewältigung der Lebensverhältnisse ermöglicht. Man muss nämlich auch die Gelegenheit haben, erworbenes Wissen anzuwenden, geeignetes Wissen in eine lebensfördernde Tat umzusetzen. Die schier unfassbare Menge des zeitgenössischen Wissens kann von keinem Einzelnen mehr überschaut werden.

Das wäre noch kein Unglück. Was jedoch wirklich daran zweifeln lässt, dass Wissen allein schon Macht ist, ist die Tatsache, dass man Macht braucht, praktisch in irgendeiner Weise mächtig sein muss, um Wissen zu verwerten.

Der Unwissende ist immer im Nachteil, doch der Wissende ist nicht im Vorteil bloß weil er weiß.

Gegenwärtig stehen wir einer Entwicklung gegenüber, die zum ersten Mal in der Menschheitsgeschichte alles bisherige Wissen jedermann verfügbar macht. Online und Internet, die in der westlichen Welt weit verbreitet sind und langsam den ganzen Globus erobern, bereiten den gesamten traditionellen Schatz an Wissen für jeden auf, der über die notwendige technische Einrichtung und die ebenso notwendige Neugier verfügt. Das ist ein ungeheurer Sprung vorwärts, der sinnvoll genutzt werden sollte. Wir müssen leider davon ausgehen, dass auch eine Unmenge unnötigen

Wissens auf allen Kanälen abrufbar ist, d.h. dass Geschwätz und Geschnatter des redefreudigen Publikums hier ebenso seinen Niederschlag findet wie wirklich Wissenswertes.

Seit längerer Zeit sind Suchmaschinen im Einsatz, die dem Wissbegierigen aus der ungeheuren Fülle aller Daten die gesuchten herauszufiltern helfen. Diese Suchmaschinen werden sich in Zukunft zu sehr spezialisierten, wahrhaft findigen Methoden weiterentwickeln und so das Internet stets praktikabler gestalten. Unter dem Pretext, dass sich in den kommenden Generationen das Internet so einbürgert wie heute das Auto und das Telefon, steht uns dann die Fülle des Gesamtwissens der Menschheit zur weiteren Verwendung zur Verfügung.

Unter demselben Pretext kann dieses Wissen in Zukunft tatsächlich Macht bedeuten, insofern es dem Suchenden die Möglichkeit bietet, mehr Vielfältiges, Bedeutendes auf schnellstem Wege zu sammeln und für seine speziellen Zwecke entweder in Produktion oder jede andere soziale Beziehung umzusetzen. Erstaunlich an dieser Entwicklung ist die Tatsache, dass all das, was ehedem nur Spezialisten zur Verfügung stand, nun jedermann zugänglich ist. Es gibt daher keine Ausreden. Man kann sich nicht mehr darauf berufen nicht die richtigen Schulen besucht zu haben. Unkenntnis ist in Zukunft nahezu eine Schande. Dieses Regelwerk zeitgenössischen Wissens ist vielleicht die größte Revolution in unserem Bildungswesen.

Wer bin ich wirklich?

Wie kann ich feststellen, wer ich bin? Es gibt eine ganze Reihe von Meditationsübungen, die uns, wie sie meinen, Einblick in uns selbst gewähren. Am Apollotempel in Delphi stehen zwei Sätze. Der eine von ihnen „Den Bürgen sollst Du würgen" geht uns in diesem Zusammenhang nichts an, der andere „Erkenne Dich selbst" trifft unser Thema. Die Schwierigkeit besteht nun darin, sich selbst zu erkennen. Da wir ein Bewusstsein besitzen, haben wir das Gefühl und die Anschauung von einem Ich. Wir empfinden uns als Subjekt. Wenn wir uns selbst betrachten – indem wir uns etwa im Spiegel ansehen –, sehen wir uns als Objekt. Der Mensch ist also Subjekt und Objekt in einem.

Alle sichtbaren Erscheinungen an uns selbst können wir mit Leichtigkeit feststellen. Wer wir aber dem Wesen nach – sagen wir ruhig dem inneren Wesen nach – wirklich sind, das zu beurteilen fällt uns nicht so leicht, als uns im Spiegel zu betrachten. Um sich selbst zu beurteilen gibt es im Grunde gesehen nur einen einzigen Weg: Es genügt nicht eine meditative Nabelschau. Was wir wirklich beurteilen können ist unser Handeln. Ob wir richtig oder falsch handeln, das unterliegt unserer Urteilskraft. Wir wissen immer, wenn wir etwas Falsches tun, wir haben nie das sichere Gefühl, das Richtige und Gute getan zu haben, aber rückblickend können wir feststellen wer wir sind. Indem wir abwägen, ob wir modo grosso recht gehandelt haben oder nicht. Und diese Bilanz allein gibt darüber Auskunft, wer wir sind.

Wie kann ich meinen Nächsten beurteilen?

Zwei Voraussetzungen sind notwendig: die erste heißt Wohlwollen, Zuneigung und im Optimalfall Liebe; die zweite Voraussetzung wird von der modernen Psychologie „emotional intelligence“ genannt, heißt aber nichts anderes als – Einfühlungsvermögen.

Bevor ich über einen anderen urteile, seine Handlungen qualifiziere, seine Sprache, sein Wissen, sein Benehmen, bevor ich seine Fähigkeiten bewerte, sollte ich mich selbst in eben jenen Zustand versetzen, den ich oben angedeutet habe: also sagen wir Wohlwollen und Einfühlungsvermögen. Was würde ich an seiner Stelle tun, reden, wie würde ich mich an seiner Stelle verhalten? Das bedarf keiner umfangreichen psychologischen Studie, sondern nur guten Willen meinerseits. Mit diesem guten Willen gelingt es mir dann zu erkunden, ob ich mich so wie er, also gleich oder ähnlich oder auch ganz anders, verhalten würde. Nun gilt es nicht mehr die ganze Person zu akzeptieren oder abzulehnen, noch brauche ich in einen Streit eintreten, da ich die Möglichkeit habe, ein begrenztes Umfeld zu beurteilen. Was würde ich an seiner Stelle tun? Entweder bin ich genauso motiviert wie mein Gegenüber, oder aber ich habe ganz andere Ansichten. Habe ich dies erst festgestellt, besteht kein Grund mehr, meinerseits irritiert zu sein, und jede Möglichkeit mit ihm, dem Partner, in einer geordneten Weise den jeweils anfallenden Sachverhalt zu besprechen oder sogar zu ordnen.

Man mag mir entgegnen, dass nicht jedermann Wohlwollen oder Einfühlungsvermögen verdiene, das halte ich jedoch für falsch. Wenn man jedem, dem man gegenüber sitzt, mit dem man es zu tun hat, der einem im gegebenen Augenblick entgegen tritt, wirklich ernst nimmt und ihn nicht als bloßes Mittel zu irgendeinem anderen Zweck verwendet, sondern wiederum als Zweck selbst ansieht, kann man praktisch jedem Streit aus dem Weg gehen. Und überdies kann man sich zu jeder Zeit an die Devise von Mahatma Gandhi erinnern und sie befolgen: Tu niemandem Übles.

Einiges über die Liebe

„Lieben *und* geliebt zu werden, Götter, welch ein Glück!“

Dieser Satz von Goethe weist uns darauf hin, dass wir es offenbar mit einem Ausnahmezustand zu tun haben und mit etwas, das durchaus nicht selbstverständlich ist. Jedermann glaubt zu wissen was Liebe ist, jedermann hält sich für liebensfähig und auch – ob er es nun ist oder nicht – für liebenswürdig. Interessanterweise müssen wir im Leben alles lernen, müssen wir versuchen unsere Fähigkeiten auszubilden, um in dem nicht wenig harten Lebenskampf zu bestehen.

Aber auch alle anderen Beschäftigungen, wie reiten, Auto fahren, schwimmen, Golf spielen, müssen gelernt werden. Aber haben Sie jemals davon gehört, dass sich einer vornimmt lieben zu lernen? Die meisten von uns vertrauen darauf, dass ihnen irgendeinmal die Liebe begegnet. Der Wiener Philosoph Kampits meint von der Freundschaft, dass sie einfach geschehe. Er sagt Freundschaft geschieht uns. Passiert uns ein Gleiches wenn wir lieben?

Ich glaube, das mit der Liebe ist viel komplizierter. Schon als Kind oder zumindest als Jugendliche sind wir – und das besonders im Zeitalter der Medien – praktisch unentwegt Bildern, Geschichten, Erzählungen, Berichten ausgesetzt, die in irgendeiner Weise von der und über die Liebe sprechen. Ich rede nicht davon, dass wir die Liebe unserer Eltern erfahren oder dass wir zu irgendwelchen Freizeitbeschäftigungen eine besondere Vorliebe entwickelt haben. Ich spreche von der Liebe von Mensch zu Mensch. So bildet sich in unserem Bewusstsein eine Art Vorwissen von dem, was wir als eine der großen Erfüllungen des Lebens erwarten.

Das Mädchen träumt vom Prinzen, der junge Mann von einer hinreißenden Schönheit, und beide sind überzeugt, dass es nur der Zeit bedürfe, um sie zu treffen. Dazu kommt, dass auch die große Dichtung der letzten 2000 Jahre, dass viele Musikwerke, Objekte der darstellenden und bildenden Kunst, auch ein sehr überhöhtes außerordentlich vielfältiges Bild von möglichen Liebesbeziehungen geformt haben, sodass jeder von uns der Meinung sein kann und auch ist, einer „großen Liebe" zu begegnen. Das heißt – um jetzt wieder an Kampits anzuschließen – der Boden für eine Liebesbereitschaft ist, mehr oder weniger stark, mehr oder weniger ausgeprägt, in der Mehrzahl aller Menschen schon bereitet. Und dennoch gibt es nicht nur eine Liebe, einen Eros, eine Sexualität, sondern offenbar so viele wie es Menschen gibt. Man könnte etwa summarisch behaupten, dass jeder einzelne Mensch seine Liebe erfindet – und wird mit dieser Behauptung kaum fehl gehen.

Wenn wir uns die Genealogie der Liebe in einer Einzelperson ansehen, so gibt es jedoch ein grundlegendes Schema. Der junge Mensch liebt in der Liebe zunächst seine eigenen Illusionen, die, wie wir bereits festgestellt haben, von allen Seiten genährt werden. Das kann so weit gehen, dass er seinen Partner gar nicht erkennt und in das Extrem verfällt, die Liebe selbst zu lieben, ungeachtet der geliebten Person. Diese wird nicht wirklich erkannt, weder ihre Eigenschaften, noch ihre Besonderheiten werden wahrgenommen. Wollen wir uns der offenbar sehr schwierigen Aufgabe unterziehen, Liebe zu definieren, so werden wir sofort bemerken, dass wir uns auf ein sehr weites Feld wagen ohne die Gewissheit zu haben, mit einer solchen Aufgabe zu Rande zu kommen.

Was ich aber zunächst feststellen möchte ist eines: Was wir an der Liebe lieben, oder was uns an ihr glücklich macht, ist zunächst die Veränderung unserer eigenen Person, die wir im Zustand der Liebe erleben. Viele von uns kennen die berühmten „Schmetterlinge im Bauch", die unerträglichen Gefühle der Sehnsucht, die Qual, auf den Geliebten oder die Geliebte warten zu müssen, und den beständigen Willen, sich der Gegenwart des geliebten Menschen zu erfreuen. Auch hier wieder Goethe, der sagt, die Liebe lebt von der Gegenwart. Offenbar ist es eine bestimmte Energie, die wir in uns erwachen fühlen, eine Veränderung unserer Gefühle, ein Bewusstsein, nicht mehr für uns allein zu existieren, d. h. wir empfinden die Liebe als eine Kraft, die uns verändert. Wir sind nicht sicher, wohin sie uns treibt, wir sind aber glücklich im Gefühl der Nähe des geliebten Menschen.

Was wir eben beschrieben haben zeigt uns die Einzigartigkeit dieses Gefühls, obwohl wir ehrlicherweise feststellen müssen, dass dieses Gefühl wiederholbar ist, immer erweckt werden kann, was uns nicht verwundert, da es ohne Zweifel eine sehr große Anzahl liebenswerter Menschen gibt.

Vielleicht beginnen wir mit einem neuen Ansatz und mit einer neuen Behauptung: Die Liebe ist offenbar eine besondere Eigenheit des Menschen. Mit der Menschwerdung, also zu dem Zeitpunkt, als wir Sprache erworben haben, als wir entdeckten, dass wir zugleich Subjekt und Objekt sind, also zu jenem Zeitpunkt, sei es nun in der Stammesgeschichte oder in der Geschichte der einzelnen Person, muss auch das Gefühl der Zuneigung und – mit deren Steigerung – das der Liebe entstanden sein. Es kann nicht meine Absicht sein, die Geschichte der Liebe zu schreiben, wohl aber könnten wir uns damit befassen, zu erörtern wie man Liebe leben soll.

Diesem löblichen Vorsatz kann ich aber im Augenblick nicht nachkommen, weil ich hier einen kleinen Exkurs einfügen möchte.

Ich behaupte jetzt, dass der Erfinder der Liebe – in unserem Sinne – Jesus Christus ist. Das wird Sie zwar erstaunen, weil Sie ihn seit Ihrer Kindheit sanftmütig, mit einem Heiligenschein bekleidet, zunächst durch die Fluren Galiläas wandern und endlich im harten, steinigen Jerusalem am Kreuz verbluten sahen.

In Wirklichkeit hatte dieser Menschensohn eine einzige Idee. Er kümmerte sich nicht um den Alltag und seine Sorgen, er bemühte sich nicht zu arbeiten und Geld zu verdienen, er war nicht darauf aus, Reichtümer anzuhäufen oder seine Mitmenschen zu beherrschen oder zu versklaven. Seine einzige Idee – und das können sie in der Bibel überprüfen – war die der Liebe. Und das meine ich nicht im Sinne einer philiströsen Sonntagspredigt. Er liebte Maria, Martha und Magdalena, er war – wie uns auch neuere Autoren immer wieder klar zu machen versuchen – einer, der auf die Liebe vertraute. Und all jenen, die sie im Diesseits nicht zu erringen vermochten, im Jenseits versprach. Aber das ist nur für alle gesagt, die sich von den Talaren der Amtskirche, den Prunkgebäuden und Festgebräuchen, die sich von den ernsthaften Überlegungen der so genannten Theologen das Bild dieses einzigartigen Mannes verdunkeln ließen.

Wir jedoch kehren zu unserer Absicht zurück, die Spur zu verfolgen, die wir bereits oben angedeutet haben. Ist Liebe lebbar, ja ist sie lernbar? Ihr Gefühl und mein Gefühl wehrt sich gegen eine so prosaische Ausdeutung dieses, wie wir glauben, edelsten Gefühles. Die Philosophen beschäftigen sich mit der Theorie der Erkenntnis, mit der Moral und Ethik, mit den Erscheinungen der Welt ganz allgemein.

Die Psychotherapeuten und Psychologen kommen aber unserem Thema bereits viel näher. Eines der gescheitesten Bücher über die Liebe schrieb Ernst Fromm, und der französische Dichter Stendahl entwickelte eine eiskalte Theorie über das ständige Wachsen dieses einzigartigen Gefühles. Er spricht in seinem Buch über die Liebe von Zweigen, an denen sich in der winterlichen Kälte Kristalle ansetzen, offenbar Eiskristalle, die ständig neue Teilchen bilden und so zu einer – wie er meint – umfangreichen Blüte heranwachsen. Offenbar denkt auch er an das Wachsen der Liebe. Diesem Gedanken steht die Tatsache gegenüber, dass wir immer wieder von der „Liebe auf den ersten Blick" hören. Gibt es sie wirklich? Jedenfalls im Theater, vielleicht in der Tanzschule oder bei einer anderen glückhaften Begegnung. Wir müssen uns nur fragen, ob alles, was wir bereits angeführt haben, die gleiche oder dieselbe Liebe ist, und wir tun uns im Augenblick verdammt schwer, eine richtige Definition zu finden. Die Philosophen haben uns allerdings gelehrt, dass wohl die Operationen des Verstandes definiert werden können und müssen, wir aber kaum einen Maßstab für die Stärke, die Intensität, die Dauer und den Umfang eines Gefühls besitzen. Und das gerade macht uns die Liebe besonders attraktiv, weil sie sowohl grenzenlos, tief, endlos als auch vorübergehend, aufflammend und verschwindend, hinfällig und sterbend sein kann.

Wir alle haben ja außerordentlich viel Wissenswertes in unseren Schulen gelernt, wir sind sogar soweit gekommen uns Grundsätze der Moral und der Ethik anzueignen oder uns ihrer zu erinnern, wer aber hat seinen Gefühlshaushalt wirklich unter Kontrolle?

Eines der schönsten Bücher über die Liebe ist Platons „Symposion". In ihm wird erzählt, wie eine Reihe von vornehmen Athenern sich zu einem Trinkgelage zusammen finden und, wie es Brauch war, einen Vorsitzenden wählen, der das Thema des Abends vorschreibt. Man wollte über die Liebe reden. Sie sollten dieses Buch selbst lesen, weil auf eine ganz bezaubernde Weise darin von der Herkunft der Liebe, ihrem Ursprung und ihrem Zustand die Rede ist. Als der größte der Götter wird Eros gefeiert, als der älteste und mächtigste. Nachdem einige Reden gehalten werden – ganz besonders der Lustspieldichter Aristophanes präsentiert –, hört man vor dem Hause die Stimme des Sokrates, der sich mit einigen Personen unterhält, bevor er in den Saal tritt. Seine Rede über die Liebe werde ich aber ebenso wenig referieren, wie alle anderen in diesem Buch, die von Platon niedergeschrieben wurden. Diese Reden sind so schön, dass Sie sie selbst lesen müssen.

Das Notwendige und das Überflüssige

Sie kennen sicher Johann Nestroys satirisches Zaubermärchen gleichen Namens. Eine gütige Fee erfüllt einem armen Mann jeden notwendigen Wunsch, erklärt ihm jedoch, sofern er sich Überflüssiges wünsche, würde er alles verlieren. Der Mann gewinnt Grund, Haus, Weib, Kind, Reichtum, Freunde und wird ein stattlicher, wohlhabender Bürger. Da er jedoch die Kühnheit hat, sich zu einem Festessen auch Tafelmusik zu wünschen, versagt ihm die Fee diesen Wunsch und, wie vorausgesagt, verliert er alles.

Vielleicht wäre es von Nutzen, sich bei neuen Vorhaben eine Skala von Kriterien vorzustellen, die ungefähr folgendermaßen lautet: Zuerst das Notwendige, dann das Nützliche und wenn möglich auch das Wertvolle.

Wer jemals in einem Gefängnis saß, in einem Gefangenenlager war oder aus sehr ärmlichen Verhältnissen stammt, kann beurteilen, was zum Leben bzw. zum Überleben unbedingt notwendig ist, d. h. wortwörtlich alles das, was die Not, in der wir Menschen ursprünglich alle leben oder gelebt haben, tatsächlich wendet.

Ist aber für das Nötigste gesorgt, meistens durch Arbeit, dann wendet man sich dem zu, was uns als nützlich erscheint, und eine ungeheure Anzahl von Menschen, wahrscheinlich die Majorität aller, beschäftigt sich ihr Leben lang mit dem, was ihnen Nutzen bringt – mit und ohne Erfolg. Für die, wenn wir es so nennen dürfen, dritte Stufe, für das Wertvolle, können und wollen sich, wenn ich es recht beurteile, doch nur sehr viel weniger Menschen engagieren. Und das aus vielerlei Gründen. Entweder weil es ihnen an Einsicht und Verständnis mangelt, oder weil ihnen die Last des Lebens, die Ungunst der Verhältnisse den Zugang zum wirklich Wertvollen verwehrt, oder aber zuletzt, weil sie Unwertes als wertvoll ansehen.

Und nun sind wir bei der Kardinalfrage: Was ist für Sie das wirklich Wertvolle im Leben?

Da hat nun jeder seine eigenen Vorstellungen, und es ist wohl eine ganz bösartige Satire, die des Johann Nestroy, die unserem armen Teufel, als er reich geworden ist, die Tafelmusik verwehrt. Ich kann mir nur vorstellen, dass Nestroy damit die Künste überhaupt meint, die Musik, die Malerei, die schönen Künste überhaupt. Denn diese sind nun tatsächlich zum Leben und Überleben durchaus nicht notwendig, sie haben keinen direkten Zweck – oder können Sie mir erklären, welchen Zweck eine Symphonie, eine Oper, ein Gemälde oder auch nur ein Roman hat?

Notwendig und nützlich sind die Künste kaum, aber in der Skala der Wertigkeit des Lebens unersetzlich. Man stelle sich nur ein Leben ohne Musik, ohne Theater, ohne Bücher, ohne Bilder, ohne Plastiken vor, ein Weltgebäude bloß auf Nutzen und Notwendigkeit ausgerichtet. Dieses unerträgliche Weltgebäude besitzen wir bereits in den Strukturen des nackten Kapitalismus. Aber Gott sei Dank gibt es noch genug Menschen, die sowohl aktiv wie passiv am „überflüssigen" lebhaftesten Anteil nehmen und dieses so genannte „Überflüssige" als die Krone des Lebens, als das Ziel ihrer Existenz empfinden.

Über Freundschaften

Was kann ich von einem Freund erwarten, was sollte ein Freund von mir erwarten können? Diese Frage heißt sich mit dem Wesen der Freundschaft befassen. Es ist unmöglich alle die Eigenschaften aufzuzählen und die Bindungen zu bezeichnen, die zwischen zwei Menschen auftreten können. Und dennoch wollen wir es versuchen: Freund sein heißt, dass man sich auf einen Menschen wirklich verlassen kann. Mit kaum jemand anderem wird man seine Sorgen, seine Freuden so teilen wie mit der Freundin oder dem Freund. Ich kann natürlich nicht für die Gefühle der Frauen reden, aber viele von ihnen bezeichnen eine Person als ihre „beste Freundin“, die nicht unbedingt die langjährigste Freundin, aber in den meisten Fällen etwas Außergewöhnliches sein muss. Es gibt Sportsfreunde, Parteifreunde (die oft die besten Feinde sind), es gibt Freundschaften, die sehr kurzlebig sind, und es gibt wirklich echte Freundschaften.

Was ist nun eine echte Freundschaft? Zum Wesen der Freundschaft – und ich würde sagen zum unabdingbaren – gehört eines, das zwischen zwei in Freundschaft verbundenen Menschen jedenfalls gegeben sein muss. Mein Freund muss von mir erwarten können, dass ich alles, was moralisch oder sittlich gerechtfertigt ist, für ihn tue, und er muss wissen, dass er dies von mir jederzeit verlangen kann. Das gleiche muss ich von ihm fordern können. Das ist die Grundlage. Aber nun kommt es zum wichtigsten: Wahre Freundschaft, glaube ich, erweist sich dann, wenn diese Forderung, die ja absolut genannt werden kann, nicht eingefordert wird. Das heißt, ich weiß, dass mein Freund alles für mich tun wird, ich werde es aber möglichst vermeiden, dass er in die Lage kommt dies auch zu tun. Mein Freund ist nicht dann mein Freund, wenn ich seine Fähigkeiten, seine Eigenschaften, seinen Besitz ausbeute. Zunächst genügt es zu wissen, dass mein Freund fähig ist, alles für mich zu tun und zu hoffen, dass weder er noch ich jemals in die Lage kommen ein solches Tun nötig zu haben. Wir alle wissen aus der Kindheit, dass wir schon immer versucht haben, Freunde bzw. Freundinnen zu finden. Wir waren sehr rasch in unserer Entscheidung und haben wahrscheinlich sehr oft viel zu hastig Freundschaften geschlossen. Im späteren Leben sind wir dann bereits froh, wenn wir zwei, drei oder gar eine Handvoll Freunde „besitzen". Manche Menschen neigen dazu, jede Person in ihrem Bekanntenkreis als Freund anzusprechen und in anderen Ländern oder Erdteilen, z. B. in der USA, nennen die Menschen einander sehr bald beim Vornamen und deklarieren sich auf diese Weise als mögliche Freunde und erwarten auch auf diesem Weg unsere Freundschaft. Wir sollten uns aber darüber im Klaren sein, dass es ein Problem der Reife und des Erwachsenseins ist, ob man Freunde hat und weiters, wie man mit ihnen umgeht. Das allgemein bekannte Sprichwort „Kleine Geschenke erhalten die Freundschaft" ist durchaus nicht so banal wie es klingt. Freundschaft fällt nicht vom Himmel, Freundschaften muss man sich ehrlich erwerben. Ich kann nicht erwarten, dass einer lebenslang mein Freund bleibt, wenn ich mich nicht um ihn kümmere, ihn nicht einlade, nicht gemeinsame Erlebnisse arrangiere, nicht mit ihm telefoniere. Um Freundschaften muss man sich bemühen. Aber man wird für diese Mühe belohnt und erlebt die so erfreuliche Nähe und Vertrautheit eines Menschen, mit dem man die Geheimnisse des Herzens, die Sorgen des Alltags und auch die Freude im Leben teilen kann. Wer ohne Freunde ist, ist auf jeden Fall ein armer Mann oder eine arme Frau. Freunde haben heißt menschlich reich sein.

Wie komme ich mit meinen Mitmenschen aus?

Kurt Sowinetz, der bekannte Volksschauspieler, unterlegte der Ode an die Freude seinen eigenen Text. An die Stelle des Verses „Freude schöner Götterfunken" und der bekannten folgenden Verse, setzte er die Worte „Alle Menschen san ma zwider". Er war somit ein Nachfahre jenes berühmten Timon von Athen, dem Shakespeare ein ganzes Theaterstück widmete. Er war damit ein Nachfahre jenes Menschenfeindes, den Ferdinand Raimund in seinem „Alpenkönig und Menschenfeind" porträtierte. Offenbar kommt der Menschenfeind in der Literatur immer wieder illustrativ zur Erscheinung, etwa auch im „Herrn Karl", der seine Menschenfeindlichkeit mit Gleichgültigkeit, Überheblichkeit und primitiver Geisteshaltung vermischt. Wir wissen, dass wir unsere zwischenmenschlichen Beziehungen so aufbauen müssen, dass sie möglichst reibungslos funktionieren. Freilich ist das nur ein erster Schritt. Ohne Respekt vor dem Nächsten, ohne Wertschätzung seiner Persönlichkeit, ohne Achtung vor seiner Arbeit oder auch vor seiner Gesamterscheinung bleibt jeder Versuch, mit dem anderen in einen engeren Kontakt zu kommen, vergebens.

Aristoteles bezeichnet den Menschen als zoon politikon, d.h. als ein gesellschaftliches Wesen. Kein Mensch existiert für sich allein, ja er kann als Einzelner, als Individuum nicht überleben. Wir alle sind auf die Hilfe und Mithilfe sehr vieler Menschen angewiesen, und das von der Kindheit bis ins Greisenalter. Was wäre da vernünftiger als ein intensives Studium jener Verhaltensweisen, die uns unseren Mitmenschen angenehm, oder doch zumindest erträglich erscheinen lassen. Es gibt jedoch kein Fach in irgendeiner Schule, das uns eine solche Verhaltensweise lehren würde. Man hofft, dass alle Erziehungsberechtigten und Erziehungswilligen uns so ganz nebenbei diese edelste aller Künste beibringen.

Und doch würden ganz wenige Regeln das Zusammenleben in jeder Gruppe, in jeder Familie sehr erleichtern.

Erstens: Jeden anderen Menschen ernst nehmen.

Zweitens: Meine Freiheit endet an seiner Nasenspitze, seine an meiner.

Drittens: Unabhängig von sozialem oder bildungsmäßigem Unterschied besitzen wir eine menschliche Würde, die uns auf gleichem Level vorfindet.

Viertens: Tue niemandem Übles, aber wehre dich gegen die Übergriffe der anderen.

Fünftens: Habe Geduld mit dir und deinen Mitmenschen.

Mit sich im Reinen sein

Sie können einen Brief ins Unreine diktieren. „Rein“ heißt dann stilistische und grammatikalische Fehler ausgemerzt, ein sauberes Papier verwendet zu haben. Was aber bedeutet mit sich selbst im Reinen sein?

Wir sind ja kaum je in der Lage alle unsere Fehler, die wir seit Kindheit besitzen und auch diejenigen, die wir uns wohlwollend anerzogen haben, so mir nichts dir nichts abzulegen. Wir alle halten uns für aufgeklärt, überlegt, für vorurteilsfrei. Sind wir mit uns selbst im Reinen? Ich weiß nicht genau was das heißt. Vielleicht versuchen wir eine Definition:

Möglicherweise heißt es, dass wir mit uns übereinstimmen. Aber schon stocke ich wieder. Wenn ich „mit mir“ übereinstimme, deutet das nicht darauf hin, dass ich nicht nur *ein* Ich, sondern *zwei* besitze. Ich spreche mit mir, ich spreche zu mir, ich bin mit mir uneins, ich bin mit mir im „Reinen“.

Aber normalerweise gehen wir doch alle davon aus, dass wir ein einziges Ich besitzen. Ein Ich, das sich laut Sigmund Freud aus dem Zusammenhang von Es und Überich entwickelt. Alle Menschen, die mit uns reden, nehmen an, dass wir eine in uns mehr oder weniger gefestigte Persönlichkeit sind. Freund und Feind appellieren an ein Ich, das sie für eine kohärente Einheit halten. Auch wir sind die meiste Zeit über davon überzeugt, ein einheitliches Ich zu besitzen. Manchmal überfällt uns der Zweifel, eben dann, wenn wir vor Entscheidungsfragen stehen, wenn uns verschiedene Wege offen stehen, wenn ein Ich in uns A sagt, das andere Non A.

Es gibt jedoch auch Situationen, denen wir vollinhaltlich zustimmen, es gibt Gefühle, die ganz eindeutig sind, wo uns weder Zweifel noch Angst oder Unsicherheit in unserer Entschlossenheit stören. Mit sich im „Reinen" sein ist allerdings einer hohe Anforderung, eine Herausforderung oder einfach das Zeugnis liebenswerter Naivität.

Sokrates spricht davon, dass in seinem Inneren ein Daimon ihn immer dann warne, wenn er etwas Unrichtiges, Falsches oder Böses denke oder plane. Tue er das Richtige, schweige der Daimon. Ist das der Zustand, den wir als „mit sich im Reinen sein" bezeichnen? Dass wir das sichere Gefühl haben richtig zu handeln?

Wie werde ich verzweifelt?

Die Verzweiflung ist grundlos, sie ist abgrundtief. Es gibt tausend Gründe verzweifelt zu sein und keinen, der dagegen spricht. Die Verzweiflung ist wie eine riesige Glocke, die sich über dich stülpt, sie ist ein Gefängnis, aus dem du nicht entkommst, sie ist die Gletscherspalte, auf deren Grund du hoffnungslos liegst.

Deine Verwandten, deine Bekannten, deine Freunde reden auf dich ein, zählen dir die besten Gründe auf, die dich zur Sonne der Hoffnung führen können. Du verharrst in deinem Kerker. Du stehst auf der Brücke und schreist sinnlos laut, bevor du in den Strom springst. Du stehst auf der Plattform des Eisenbahnwaggons und willst dich über das Eisengestänge in den Abgrund stürzen. Du hältst die Argumente deiner Freunde für sinnlos und willst nicht mehr leben. Tatsächlich bist du tot, unempfänglich für Zuspruch, Trost und vernünftigen Rat.

Was dich beherrscht ist Angst. Das einzige Gefühl, das dich besitzt, ist Angst. In einer solchen Situation kannst du dir selber nicht mehr helfen. Du bist am Rande deiner Existenz, wenn man das, was du bist, überhaupt noch existieren nennen kann.

Kein Mensch weiß, woher ein solches Verhalten kommt, wie es entsteht, ob es vererbt ist oder erworben, ob es aus Urzeiten stammt und sich in unserem Mittelhirn festgefressen hat. Ob es einfach eine Stoffwechselkrankheit ist oder kollektives Erinnern an die Schrecken primitiver Urzeit. Die Ärzte haben viele Namen für Vorgänge, die im Gehirn und im Solarplexus vor sich gehen, aber wenige therapeutische Maßnahmen, die rechtzeitig der Verzweiflung Einhalt gebieten könnten. Es ist übrigens ein teuflisches Wort, das Wort „Verzweiflung".

Damit wir uns in der Welt zurechtfinden, haben wir die Fähigkeit entwickelt, kritisch zu denken und an dem, was uns als Wirklichkeit erscheint, angemessenen Zweifel zu üben. Wenn wir nun verzweifeln, ist dies ein Anzeichen, dass sowohl unser Denkvermögen als auch die von uns aufgebaute Wirklichkeit in ein heilloses Durcheinander geraten sind. Wie bei allen Krankheiten wäre es außerordentlich wichtig, den Beginn abnormer Vorgänge frühzeitig festzustellen. Leider zeigt sich Verzweiflung oft auch in einem panikartigen Verhalten, das ohne Vorwarnung ausbricht. Unsere einzige Hoffnung bleiben, wie in so vielen anderen Fällen, kluge Ärzte.

Im Falle der Krankheit

Jede Krankheit verändert unseren seelischen Zustand mehr oder weniger. Kein Mensch bleibt vor Krankheiten gefeit. Wir haben Ärzte, die unsere organischen Krankheiten bekämpfen, die uns nicht immer gesund machen können, uns jedoch in einen Zustand versetzen können, der einer Heilung möglichst nahe kommt. Was uns wirklich fehlt, ist die Tatsache, dass die meisten Krankheiten, die uns befallen, nicht zugleich von Psychotherapeuten begleitend behandelt werden.

Elias Canetti, den ich hier zitieren muss, spricht davon, dass jeder Befehl in uns einen Stachel hinterlässt. Alle Viren, Bakterien, alle jene Vorgänge, die unser organisches System schädigen, werden in gleicher Weise wie Befehle vom Gehirn registriert und hinterlassen dort nicht nur Schmerzen, nicht nur Erinnerungen, sondern oft auch gravierende Veränderungen unseres Gemütszustandes. Die antiken Weisen, vor allem die Stoiker, raten uns, unseren Gefühlszuständen gegenüber – und jetzt verwende ich ein modernes Wort – „cool" zu bleiben. Sie nennen es Ataraxie und meinen damit eine vollkommene Beherrschung unserer Gefühle, Worte und Handlungen. Kasteiung betrieben sie bis ins Extrem. Wir werden ihnen darin nicht nachfolgen, aber der Umgang mit seiner eigenen Krankheit ist etwas, das wir, wenn wir von außen nicht unterstützt werden, selbst lernen können. In der Krankheit zum Tod wird uns das freilich wenig nützen. Aber selbst dem sollte man möglichst gelassen entgegen sehen. Die einfache Wahrheit, dass ich als Toter nicht derjenige bin, der ich jetzt als Lebender zu sein scheine, sollte uns die Todesfurcht nehmen. Und selbst die zweite Frage, nämlich die, ob wir uns vor dem Sterben zu fürchten hätten, kann einer ziemlich weit verbreiteten Meinung nach verneint werden. Wenn wir unsere Gelassenheit und Besonnenheit „bis zuletzt" bewahren, wird auch dieser Übergang leichter zu bewältigen sein. Trotzdem ist Krankheit eine große Geißel der Menschheit. Viele Millionen der Erdbevölkerung sind von Krankheiten bedroht und belästigt, die verhältnismäßig leicht zu behandeln wären, wozu es jedoch an Ärzten, Geld und Einsatzbereitschaft der übrigen Welt, trotz aller ernsten Bemühungen, noch immer mangelt.

Natürlich müssen wir zwischen einem akuten Kranksein, das vorüber geht, und einer chronischen Krankheit unterscheiden. In beiden Fällen jedoch nützt es und erleichtert die Existenz, wenn wir versuchen, das Gleichgewicht unserer Gefühle und eine Gemütslage zu erreichen und zu erhalten, die uns die Kraft verleiht, den Heilungsprozess durchzuhalten.

Was tue ich bei Reizüberflutung durch die Medien?

Das ist ein Schlagwort und dazu noch ein vollkommen überflüssiges. Kein Mensch muss sich von Reizen überfluten lassen. Er kann sich jederzeit dem Einfluss von Print- und elektronischen Medien entziehen. Freilich werden Kinder der Gefahr der Reizüberflutung ausgesetzt, wenn die Erziehungsberechtigten ihnen keine Schranken setzen. Überhaupt ist es wichtig, Kindern und Jugendlichen Grenzen zu setzen, nicht aus bösem Willen oder tyrannischer Haltung heraus, sondern zu ihrem eigenen Nutzen. Freiheit gibt es nur in der Ordnung. Freiheit ohne Ordnung ist das Chaos. Wer sich täglich freiwillig mehr als 30 Programmen im Fernsehen aussetzt, darf sich nicht wundern, dass er in irgendeinem Bereich seiner Seele gereizt, geschädigt oder zumindest gelangweilt wird. In den unzähligen Diskussionen, die zu diesem Thema seit Jahrzehnten geführt werden, stellt sich immer wieder heraus, dass die so genannten Opfer dieser Reizüberflutung nie gelernt haben, ihr Leben selbst zu bestimmen, sondern immer wieder in den Status desjenigen verfallen, der von außen gelenkt wird. Die moderne Medienwelt ist ohne Zweifel von sehr weit reichender Bedeutung für das Leben des Einzelnen. Die medialen Informationsträger werden sich – und das besonders auf dem Sektor der Unterhaltung – ständig weiter entwickeln und in ihrer oft zweifelhaft legitimierten Existenz wachsen und blühen. Es gibt kein anderes Mittel, um das Individuum zur Persönlichkeit heranreifen zu lassen, als dass es lernt zu selektieren, sich und seiner Umwelt kritisch gegenüber zu stehen. Diese Kritikfähigkeit, die das abendländische Bildungsziel und zugleich die dafür geeignete Methode darstellt, muss in Zukunft jedem Einzelnen zugänglich sein.

Vom Anfang und vom Ende

Am Anfang war das Wort, so beginnt das Johannes-Evangelium. Am Anfang war der Urknall, das sagen uns die Astrophysiker. Unser Leben ist begrenzt von Geburt und Tod. Ist es nicht wahrscheinlich, dass unser Gehirn so determiniert ist, dass wir immer und überall den Anfang, den Ursprung, den Beginn suchen müssen und uns die Erfahrung ebenso lehrt, dass alles einmal zu Ende geht. Muss deshalb wirklich alles einen Anfang und ein Ende haben?

Ernsthafte Philosophen meinen, dass es müßig sei, über die Unendlichkeit zu spekulieren. Aber sollten wir uns nicht doch vorstellen können, dass etwas wirklich ewig währt. Ewig, das heißt immer schon war und immer sein wird.

Als Kinder haben wir im Religionsunterricht gelehrt bekommen, dass Gott von Ewigkeit zu Ewigkeit herrsche.

Naturwissenschafter erwägen, dass es vor dem Urknall, aus dem unser Universum entstanden ist, andere Universen gegeben haben könnte. Und dass die Welt, in der wir leben, auch dann, wenn sie zugrunde gegangen sein wird, nachfolgende Universen haben könnte. Diese Vorstellung ist nicht so neuartig, wie man vielleicht meinen mag.

In der Antike unserer Mittelmeerwelt hatte Heraklit die Vorstellung vom ewigen Kreislauf der Dinge, Menschen und Welten, eine Idee, die der späte Nietzsche wieder aufnahm. Die Hindus kennen eine schier unermessliche Abfolge von Eonen, die die respektable Länge von je 26.000 Jahren besitzen. Im Grunde gibt es also für unser Denken nur die eine Möglichkeit des Anfangs und des Endes und die andere der ewigen Wiederkehr. Es ist bloß eine Frage der Gewöhnung, welche dieser beiden Vorstellungen wir vorziehen. Dem Einwand, der darauf hinweise, dass unser Sein dem Werden und Vergehen unterworfen sei, kann leicht begegnet werden. Nicht nur das Lebendige unterliegt diesem Gesetz, auch die Materie, der Stoff, den wir „Tod" nennen, entsteht und vergeht. Aus der schwarzen Materie, die aus unendlich vielen Atomen besteht, die sich in einer Art Chaos bewegen, entstehen durch Zusammenballung Sterne. Diese vergehen in einer Supernova, die wiederum neue schwarze Materie erzeugt und (oder) in schwarze Löcher versinkt. Auch bei diesen Vorgängen – so ungeheuer und unvorstellbar sie erscheinen – gilt das Gesetz der Dauer. Werden und Vergehen sind nur Phasen eines uns unbegreiflichen Seins.

Wir, die wir im christlich-judäischen Raum aufgewachsen sind, neigen dazu, eine Zeitgerade anzunehmen, die irgendeinmal, bei der Ankunft des Messias, zur Zeit des jüngsten Gerichtes enden sollte. Diese gerichtete, auf ein Ende hinstrebende Zeit, eine messianische Vorstellung, wurde lange Zeit auch von unseren Historikern und Naturwissenschaftern übernommen. Wie sich herausstellt ohne Not. Sie können wählen, was ihnen zusagt. Ich für meine Person bin der Ansicht, dass ich dem Gesetz des Werdens und Vergehens gern unterliege. Eine Unsterblichkeit – und sei sie wie immer geartet – wähle ich nicht. Außer der einen, dass wir alle aus Sternenstaub gebildet sind und wieder Sternenstaub werden.

Was ist Überheblichkeit?

Man kann alle sieben Todsünden auf eine einzige reduzieren. Aber diese ist wirklich das, was sich Moralbürokraten als Todsünde vorstellen, obwohl sie sie nicht in ihren Canon aufgenommen haben.

Man denke sich folgende Situation: Der Mensch A steht dem Menschen B gegenüber. Das, was beiden gleich ist, kann der Arzt, kann der Politiker, kann der Richter ganz leicht feststellen. Denn der physiologische, der soziale und der juridische Zustand ist, sofern man die Menschenrechte ernst nimmt, gemeinsamen Ursprungs und höchst ähnlicher Ausgestaltung. Es mag sein, dass nicht alle Menschen gleich sind, aber es ist vollkommen unsinnig, wenn sie der Meinung sind gleicher zu sein, d.h. überheblich. Was vollzieht sich in mir, wenn ich mich einem anderen gegenüber für besser, gescheiter, klüger halte? Es weist darauf hin, wie wenig Kenntnis ich von der menschlichen Natur besitze. Jeder Mensch ist ein Kosmos für sich, von Geburt her, durch Ausbildung, Erfahrung und Schicksal geformt. Mein Gegenüber hat genauso wenig Recht sich mir gegenüber zu überheben, aber ich werde dadurch in keiner Weise in meinem Inneren geschädigt. Tue ich es, schade ich mir selbst, weil ich mir durch ein dummes Vorurteil die Möglichkeit meiner Menschenkenntnis verbaue.

Aus Überheblichkeit entspringt Fremdenhass, der allerdings auch mit Angst gemischt ist. Einerseits bin ich dem Angehörigen einer fremden Volksgruppe gegenüber überheblich, weil ich glaube, einer intelligenteren, gebildeteren, moderneren Gesellschaft anzugehören als der Flüchtling, der Fremde, der in Wahrheit Schutzsuchende. Andererseits mischt sich in meine Überheblichkeit Furcht davor, dass mir jener Fremde vielleicht den Arbeitsplatz, das Bett im Krankenhaus, den Schulplatz meiner Kinder weg- oder für sich in Anspruch nimmt. Aber nicht nur Überheblichkeit und Furcht, sondern auch eine ungewisse Angst vor dem Fremden befällt mich, da ich seine Lebensgewohnheiten als wenig bekannt und ungewohnt, sein Benehmen und vor allem seine Sprache als auffällig empfinde. Und doch bedarf es eigentlich nur einer einfachen Reflexion für den Fremden, für den Flüchtling, für den in unserem Lande Schutzsuchenden – bin auch ich eine ihm vollkommen unbekannte Person, gehöre auch ich einem Kulturkreis, einer Religion an, die ihm mehr oder weniger unbekannt ist.

Das Fremdenproblem innerhalb Europas und die Behandlung von Schutzsuchenden ist zwar keine Zeitbombe, aber doch für die nächsten Jahrzehnte von großer Bedeutung und von großer politischer Tragweite. Es ist sinnvoll, vom Schutzsuchenden zu fordern, dass er sich innerhalb einer gewissen Zeit mit unserer Sprache und Kultur vertraut macht, es ist aber ebenso notwendig, dass wir, die hier zu Lande heimisch sind, uns mit den Sitten und Gebräuchen, vielleicht sogar mit der Sprache der Zuwanderer vertraut machen. Die Geschichte ist ein Lehrmeister, der leider keine oder zu wenig Schüler hat. Europa hat bereits einmal sehr langfristig diese Problematik der „Fremden" falsch und Verderben bringend behandelt. Juden haben in Europa seit der Römerzeit gewohnt und sind periodisch immer wieder als lästige Ausländer und Fremde behandelt worden. Jahrhunderte hindurch folgte Pogrom auf Pogrom, bis sich im 19. und 20. Jahrhundert diese durch nichts gerechtfertigte Überheblichkeit, die Massenbewegung des Antisemitismus, herausgebildet hat. Die Folge davon sind Millionen Tote und – was nicht weniger schwer wiegt – viele Tausende von Tätern, die sich vor Morden und Verfolgungen nicht scheuten. Was das für die seelische Hygiene der Täter bedeutet, braucht hier nicht erörtert zu werden. Unvergessen muss es aber bleiben, dass aus dem zunächst wenig beachteten Gefühl der Überheblichkeit das entsetzlichste Verbrechen der Menschheit erwachsen ist.

Man braucht nicht so tiefgreifende Überlegungen anzustellen, überlegen Sie bitte selbst, welche Gefühle in Ihnen erwachen, wenn sich ein Mitmensch und Bekannter oder Unbekannter Ihnen gegenüber als überlegen aufspielt. Sie wissen sicher selbst, wie Sie reagieren.

Glauben ist nicht Wissen

Als ich ein junger Mann war, gehörte es zu meiner festen Überzeugung, dass man Glauben und Wissen streng voneinander scheiden müsse, ja mehr noch, dass es sich um ganz verschiedene Dimensionen unseres geistigen Lebens handle. Der Glaube könne nicht bewiesen werden, das Wissen kann überprüft werden, und allein diese Unterscheidung trenne Welten. Je älter ich wurde, desto unschärfer wurde die Grenze zwischen diesen beiden Bereichen, und selbst das Studium von Kant brachte keine Lösung.

Was geschieht mit uns, wenn wir glauben etwas zu wissen, und was ereignet sich in uns, wenn wir wissen, dass wir etwas fest glauben? Der einfache Spruch „Glauben heißt nicht Wissen" – fast eine Redensart –, stimmt er oder stimmt er nicht?

In der Wissenschaft konstruieren wir Strukturen und Systeme, die wir nach alter Methode verifizieren, nach Popper'scher Überzeugung falsifizieren müssen. Wenn wir glauben, so gründet sich dieser Glaube auf eine nicht überprüfbare Überzeugung, die entweder traditionell motiviert ist oder auch durch göttliche Offenbarung feststeht. Im Grunde aber sind beide Bereiche, die des Glaubens und die des Wissens, Konstruktionen, die, wie ich meine, unserem Gehirn entspringen und von den Neuronenbänken in unserem Kopf erzeugt werden.

Nun kann man sagen, alle Inhalte des Glaubens, weil nicht überprüft und begründet, seien Produkte der Phantasie, der Alltagserfahrung, der Gewohnheit und einfach mehr oder weniger ungenau. Man kann behaupten, dass die Ergebnisse unserer Wissenschaften, vor allem die der Naturwissenschaften, schrittweise und logisch erarbeitet, einem strengen Kodex von Überprüfungsmechanismen unterliegen, ja sogar mathematisch durchgerechnet und in der Realität des Universums existieren. Möglicherweise aber ist sowohl der Bereich des rationalen Denkens wie der der grenzenlosen Phantasie, beides das Ergebnis unseres Gehirns, der nicht beschreib- und fassbaren Seele, in Wahrheit viel weniger unterscheidbar und getrennt als wir bisher annahmen.

Forschungsergebnisse im Mikrobereich der Naturwissenschaften erklären uns, dass die üblichen Methoden des Messens und der positiven Wahrnehmungen nicht mehr anwendbar sind, man denke an die Heisenberg'sche Unschärferelation und auch daran, dass es im Bereich der Geisteswissenschaft immer schwieriger wird, eindeutige Fakten zu isolieren bzw. festzuhalten.

Ein sehr einleuchtendes Beispiel bietet uns da etwa die Geschichtswissenschaft, die keine ist, ja praktisch als Wissenschaft nicht existiert.

Man könnte vielleicht von einer sehr selektierenden literarischen Kunde sprechen, die uns sehr wenige ausgewählte Details aus einer Vergangenheit erzählt, die uns ebenso wenig wie die Zukunft zugänglich ist. Wenn wir uns klar machen, dass wir immer und jederzeit im Jetzt und der Gegenwart leben, so können wir uns vielleicht in Zukunft auch vorstellen, dass es eine Trennung zwischen Geistes- und Naturwissenschaften nicht gibt oder eine solche nur sehr künstlich herbeigeführt wird.

Glauben und Wissen unterscheiden sich möglicherweise nur dadurch, dass sie, modellhaft auf einer Skala angeordnet, nur verschieden starke Argumente benötigen, um als wahr angenommen zu werden. Die komplizierteste naturwissenschaftliche Kombination erweist sich als wahr, solange sie alle bekannten festgestellten Fixpunkte im System zu einer Einheit vereinigt. Treten neue Fakten auf, muss ein neues System konstruiert werden.

Es gibt einen hübschen Satz, der da heißt: „Nur was nie und nirgends ist geschehen, das allein ist einzig wahr!" Diese kühne Behauptung im Zusammenhang mit Dichtung geäußert, ist im Grunde auch ein ironischer Hinweis auf die von unseren menschlichen Gehirnen produzierten Bereiche des Glaubens und des Wissens. Dieser im Grund einzige Bereich muss, da er ständig erweiterungsfähig in emotioneller und rationeller Hinsicht ist, stets unvollkommen und daher von „der wirklichen Wahrheit" immer entfernt sein.

Dennoch ist es außerordentlich praktikabel zu glauben, dass man etwas weiß, und beruhigend zu wissen, dass man an bestimmte Dinge, Sachen, Personen etc. glaubt. Es ist leicht einsehbar, dass wir, die wir sowohl am Glauben als auch an der Wissenschaft zweifeln, uns dem Bereich der Wahrheit nur asymptotisch nähern können.

Über die Gnade des Glaubens

Im Evangelium, an seiner schönsten Stelle, predigt Jesus von einem Berg am Ufer des Sees Genezareth. Er predigt Wahrheiten und Weisheiten, die für uns Nachfahren starke Anklänge an buddhistische Lehren besitzen. Unter anderem spricht er diejenigen selig, die arm im Geiste sind. Dieser Satz ist für viele Offizianten, Prediger der Amtskirchen doch eine kleine Verlegenheit, weil arm im Geiste in unserem Sprachgebrauch nahe an das Wort Dummheit herankommt. Natürlich sind wir uns einig, dass Jesus nicht die Dummen für selig erklärt. Wie also soll man diesen Satz auslegen?

Ich sehe nur eine Möglichkeit: Die Intellektuellen, die Akademiker, die Gelehrten verfügen über reiches kognitives Wissen, wobei ihr Vertrauen in die Welt, ihre Naivität, ihre einfache Hingabe an die Gegebenheiten der Welt, meist zu kurz kommt oder überhaupt nicht gegeben ist. Demut ist ihnen sehr oft fremd. Der Intellekt, dessen sie sich bedienen, führt sie unweigerlich zu fruchtbaren Zweifeln und zur ständigen Erneuerung ihres Wissens. Der Arme im Geiste lebt aus der Welt seiner Gefühle, er vertraut seinem Glauben und empfindet Zweifel als das Böse an sich. Er glaubt an Gott, er besitzt die Gnade zu glauben und er weiß, dass der Zweifel vom Widersacher Gottes stammt. Das wäre eine einfache Erklärung für das Jesuswort „Selig sind die Armen im Geiste, denn ihrer ist das Himmelreich". Und hier müsste man das eine Wort hinzufügen, ohne Spott und Sarkasmus, sondern ganz ernsthaft: „Wer glaubt ist selig".

In der Gegenwart, die zweifellos oft chaotische Strukturen aufweist, finden wir aber auch gläubige Wissenschafter und religiöse Agnostiker. Darüber lohnte es sich nachzudenken.

Über die Macht

Jedenfalls gibt es zwei Arten von Macht. Meine eigene und die der anderen. Macht kommt als Wort sicher vom Zeitwort machen, hängt zusammen mit dem Eigenschaftswort mächtig – oder mit der neueren Form, die denjenigen bezeichnet, der auf irgendeinem Gebiet „Macher“ ist. Macht ist uns sympathisch, wenn wir sie selbst ausüben, dann behaupten wir, sie dazu zu benutzen, um in unserer Umgebung, unserer Umwelt, in unserer Gesellschaft „gestalten“ zu können. Wir sehen dann Macht als eine Kraft an, die – weil wir sie nutzen – für alle und nicht nur für mich von positiver Bedeutung ist.

Im Falle, dass wir ohne Macht sind, ohnmächtig, empfinden wir die Macht jener, die sie nun besitzen, sehr bald als Einschränkung unserer persönlichen Freiheit, als lästig, als lebensbedrohend. Und doch wissen wir, dass unser persönliches und soziales Leben ohne eine andauernde Ordnung im Chaos enden würde, und wissen zugleich, dass wir daher genötigt sind, einzelnen Personen und Gruppen Macht zuzugestehen, damit sie in der Lage sind, eben diese Ordnung gestaltend herbeizuführen.

Ebenso genau wissen wir, dass Macht, wenn sie allzu lange und allzu unbeschränkt ausgeübt wird, korrumpiert. Wir leben daher in der ständigen Obsorge, wie Macht einerseits zielstrebig und wohlmeinend ausgeübt werden kann, andererseits in der Angst, dass die Mächtigen die Grenzen der Humanität überschreiten und ihre Macht nicht nur durch Reden und Gesetze, nicht nur durch Überzeugung und Belehrung ausüben, sondern den sozialen Kurzschluss herbeiführen, indem sie ihre Macht mit Gewalt durchsetzen.

Die Geschichte der Menschheit ist ein einziger Beleg dafür, wie die verschiedensten Gesellschaftsformen einerseits versuchen Ordnung zu schaffen, andererseits sie mittels der Gewalt aus dem Weg zu räumen. War man noch bis vor Kurzem der Meinung, dass Gewalt nur in autoritären, faschistischen Gesellschaften und Staaten ausgeübt wird, war man bis vor Kurzem noch der Überzeugung, dass die demokratischen Staatsformen einen gewissen Schutz gegen Gewalt böten, so müssen wir nun feststellen, dass kaum eine Staatsform je die Beschränkung Gewalttätiger garantiert.

Toleranz gegen Intolerante?

Toleranz gegenüber einem anderen Menschen zu zeigen, ist eigentlich eine Unverschämtheit, es heißt ja nichts anderes als ihn – gerade noch – zu dulden, zu erdulden, auszuhalten.

Eigentlich dürfte man das nur gegenüber jenen Personen, Menschen, die jeden Anspruch auf Würde verloren haben. Aber da beginnt schon die Crux. Wer gibt mir das Recht, einen anderen Menschen nur zu dulden? Er hat auf jeden Fall, wer immer er auch sei, selbst als Verbrecher zumindest einen Rest menschlicher Würde. So müsste ich also gegen jedermann tolerant sein, auch gegen Menschen, die mir unendlich zuwider sind, gegen Menschen, die ich nicht achten kann, praktisch müsste ich tolerant sein jedem Gesindel und jedem Lumpenpack gegenüber.

Das wird kaum jemand begreifen. Ich begreife es auch nicht. Ich glaube nicht, dass ich einem Menschen gegenüber, der mir an Leib und Leben will, tolerant sein muss. Das bürgerliche Recht erlaubt mir, mich gegen einen Angreifer zu verteidigen. Habe ich nicht auch das moralische Recht gegenüber jemandem, der mir fremd ist, unleidlich in jeder möglichen Hinsicht, unduldsam zu sein? Muss ich den Unerträglichen ertragen?

Gibt es irgendein Gesetz, ein normales Verhalten, das mich dazu zwänge? Einzig der Mann aus Galiläa meinte, ich solle, würde ich auf die eine Backe geschlagen, dem Schläger meine andere hinhalten. Da beginnt nun alle Schwierigkeit. Wie weit reicht meine Humanität? Muss ich mit Menschen zusammen sein, die mir von Herzen verhasst sind?

In der Theorie der Humanität, in der Liebe Jesu müsste ich es. Ich müsste den Unerträglichen ertragen. Und das ist gar kein so fern liegendes Problem. In jeder Familie, in jedem kleineren oder größeren Bekanntenkreis treffen wir auf Mitmenschen, die sich uns gegenüber intolerant verhalten, von uns aber Toleranz verlangen.

Nazidemonstranten attackieren unsere demokratische Staatsverfassung, verhalten sich also uns und unserem Staat gegenüber intolerant, nutzen zugleich aber die von ihnen nicht anerkannten demokratischen Rechte auf Versammlungsfreiheit, Demonstration in der Öffentlichkeit. Für den demokratischen deutschen Staat nach 1945 wird es zum Problem, wie sich seine Organe gegenüber Intoleranz verhalten sollen. Warum eigentlich?

Der Grundsatz, dass Toleranz und Duldung Intoleranten gegenüber nicht angebracht sind, ist jedem Vernünftigen einleuchtend, augenscheinlich evident. Die Gesellschaft als Ganzes unterliegt Regeln – man könnte sagen Spielregeln –, und wer sich an diese Spielregeln nicht hält, kann und darf nicht mitspielen. Die Weimarer Republik und alle ihre humanitären Humanisten, Politiker, Schriftsteller, Intellektuelle sind durch ihre übergroße Vorsichtigkeit, ja nicht die Gesetze der Demokratie zu verletzen, Opfer der Intoleranten geworden. Wer gegen Intolerante tolerant ist stirbt.

Zuhören lernen

Machen wir ein Experiment: Mit dem Buchstaben A soll irgendein Inhalt, irgendeine Aussage verbunden werden. Ich begegne meinem Gesprächspartner und erzähle ihm A. Was geschieht?

Mein aufmerksamer Zuhörer wird freundlicherweise zuhören und – wie wir annehmen – alles verstehen, was ich ihm erzähle. Da er aber ein denkender Mensch ist, wird ihm, ob er will oder nicht, folgendes passieren: In seinem Gehirn wird ein nicht beschreibbarer Fokus eine große Reihe von Neuronenbänken in Bewegung und Verbindung setzen, und das erscheint mir als das Interessanteste, er wird stets mehr und mehr versuchen meinem A ein B entgegenzusetzen, d.h. alle Argumente zusammen, die – falls ich gewichtige Behauptungen aufgestellt habe – ihnen entgegen zu stellen wären.

Wenn nun mein Gesprächspartner mich vorzeitig unterbricht, in jenem Augenblick, in dem er ein passendes Argument zur Hand hat, wenn er mich nicht ausreden lässt, wenn er mein Argument A sozusagen im Keim ersticken will, so wird kein brauchbarer Dialog zustande kommen. Wir werden uns über unsere jeweiligen Standpunkte klar werden können, unsere gegenteiligen Meinungen vielleicht erkennen, auf jeden Fall jedoch aufschaukeln und alles das nur, weil mein Partner mir nicht zuhören konnte – und gegebenenfalls ich ein Gleiches tat.

Zuhören ist die erste Tugend beim Sprechen. Bevor wir antworten sollten wir schweigen.

Nun gibt es eine zweite Stufe des Zuhörens: Während ich in der ersten den Sachverhalt erfahre, den Sinn der Rede feststelle, bin ich in einer zweiten Stufe des Zuhörens genötigt, dazu Stellung zu nehmen. Das alles geschieht natürlich in sehr schnellem Tempo und nicht so scharf voneinander geschieden.

Nur weil ich aber den Sinn einer Sache begriffen habe, ist noch lange nicht gesagt, dass ich mit dem Gesagten auch einverstanden wäre. Und in dem Augenblick kommt es zur Entscheidung: Ist es notwendig, die Meinung meines Gesprächspartners zu verneinen, zu bekämpfen, durch Argumente zu widerlegen – oder höre ich weiter zu, bringe ich die Geduld auf, mir auch Dinge anzuhören, mit denen ich nicht übereinstimme?

Frage: Wem nützt zuhören können? Wann nützt zuhören können? Oder ist das Ihrer Meinung nach eine überflüssige Tugend?

Kann man Vorurteilen entgehen?

Wir schmeicheln uns vorurteilslos zu sein. Wir glauben, dass wir unsere Urteile nach reiflicher Überlegung treffen. Wir bilden uns ein, Personen und Sachverhalte „objektiv" zu beurteilen.

Aber wie treffen wir denn eigentlich unsere Urteile? Und sind sie in einem weiteren Sinn nicht alle Vor-Urteile, vorläufige Urteile, die wir heute und hier treffen, und die, möglicherweise, schon morgen neu überdacht und neu gefällt werden müssen?

Urteile fällen wir offenbar in jedem Augenblick. Jede Handlung, die wir begehen, wird in unserem Gehirn voraus geahnt und in Minisekundenbruchteilen von uns ausgeführt. Wir bilden uns ein, endgültige Urteile fällen zu können, und mancher Gerichtshof fällt demnach auch Todesurteile. Das sind offenbar ganz endgültige Urteile. Und unter Vorurteilen verstehen wir doch alle etwas ganz anderes; z. B.: Wir haben Abneigungen, Vorlieben, wir bevorzugen bestimmte Personen und fühlen uns von anderen abgestoßen, wir glauben, dass bestimmte Mitglieder unserer Familie zu vernachlässigen sind, wir mögen Fremde nicht, wir misstrauen den staatlichen Einrichtungen der Polizei, der Finanz, oder hassen sogar eindeutig bestimmte Parteiführer oder auch nur Kollegen im Büro. In den wenigsten Fällen geschieht dies auf Grund klar überlegter Urteile, bei denen positive und negative Argumente gegeneinander abgewogen werden. In den meisten Fällen entstehen Vorurteile quasi aus dem Bauch heraus. Nun wissen wir seit längerer Zeit, dass auch im Bereich unseres Mittelbauches, rund um die dort lagernden Innereien, etwa wie den Darm, Zellen gelagert sind, die die gleichen Funktionen wie unsere Gehirnzellen ausüben und sozusagen immer auch „mitdenken“. Die Frage erhebt sich, ob diese Neuronenbänke in ihrem Bereich auch reflektieren können, sich selber in Frage stellen. Offenbar nicht. Offenbar bedarf es der Tätigkeit von Neuronen in unserem Großhirn, um den oft schwierigen Gang zur Besiegung unserer Vorurteile anzutreten.

Sofort stellt sich jedoch auch die Frage: Warum sollen wir uns nicht unseren Vorurteilen hingeben? Warum sollen wir sie nicht pflegen, warum sollen wir sie sogar bekämpfen?

Um ein Zusammenleben, eine soziale Gemeinschaft zu ermöglichen, bemühen wir uns, Sachverhalte und Beziehungen zwischen Personen und Gruppen möglichst wahrheitsgemäß, d. h. in unserer Sprache möglichst objektiv, zu beschreiben, um Irrtümern und Fehleinschätzungen zu entgehen. Aber jedes unserer Urteile ist subjektiv; es wird von mir gefällt. Ich muss also feststellen, wie sehr ich mich wirklich der Objektivität nähere, oder wie sehr ich in meiner eigenen, unüberprüften Überzeugung befangen bin.

Ich jedenfalls habe festgestellt, dass man mit dem Aufräumen und Beiseiteschaffen von Vorurteilen praktisch nie zu Rande kommt, dass man selbst wenn man der Meinung ist, alles getan zu haben, immer wieder auf Vorurteile in sich selbst stößt.

Auf, auf zur Jagd nach den Vorurteilen.

Wie lerne ich Selbstbeherrschung?

Die Selbstbeherrschung gehört zu den drei wichtigsten Eigenschaften, die wir uns anerziehen sollten. Ich gehe davon aus, dass wir alle die Absicht haben, uns selbst zu erziehen und jede Lenkung von außen im Grunde ablehnen. Wenn wir aber diese Außenlenkung ablehnen, dann müssen wir vermehrt Wert auf unsere Selbsterziehung legen, d.h. wir müssen uns bemühen uns selbst zu erkennen (was schwer ist), uns selbst zu beherrschen (was nicht minder schwer ist), und drittens einen Weg einschlagen, der uns aus einer unvollkommenen Existenz herausführt (was das allerschwerste ist).

Bleiben wir jedoch bei dem notwendigen Verhalten: der Selbstbeherrschung. Wie schon das Wort es verdeutlicht, kann uns dabei niemand anderer helfen als wir selbst. Da erhebt sich die Frage, was ist das Selbst. Ist es mehr oder weniger als unser Ich, und auch dessen Grenzen, nämlich die des Ichs, sind nicht ohne weiteres anzugeben.

Selbstbeherrschung im landläufigen Sinn bedeutet zunächst im Denken, Reden und Tun maßvoll zu sein, die Grenzen des Anstands nicht zu überschreiten, sich von Hass, Neid, Eifersucht und Habgier nicht überwältigen zu lassen. Maßvoll denken kann man nur dann, wenn man schon im Akt des Überlegens nicht nur eine Position einnimmt, sondern Gegenpositionen und Widersprüche während des Denkens einkalkuliert und dergestalt seine Sprache danach einrichtet. Beim Verbalisieren zeigt sich die Selbstbeherrschung in der Vermeidung von aggressiven Worten. So wird es auch nicht zu maßlosen Handlungen, zu unverantwortlichen Taten kommen. Die Selbstbeherrschung trägt ihren Lohn in sich, sie ermöglicht ein moderates Verhältnis zum Nächsten, aber auch zum so genannten „Feind“ und „Gegner“. Sie hat überdies den Vorteil, dass sich derjenige, der sich in der Selbstbeherrschung übt, im Nachhinein keine Vorwürfe zu machen braucht. Allerdings ist es nicht zu übersehen, dass wir diese Eigenschaft ein ganzes Leben lang üben müssen.

Über den Konsum

Unsere Industrien produzieren in der westlichen Welt Unmengen von Konsumgütern. Das heißt produzierten. Denn im Augenblick verlagern viele dieser Großkonzerne ihre Produktionsstandorte in jene Länder, wo sie über billige Arbeitskräfte verfügen. Das heißt, sie zahlen in ihren Ursprungsländern weniger oder keine Steuern, sie verursachen in ihren Ursprungsländern ständig mehr Arbeitslose, die sich die Produkte, und seien sie noch so billig erzeugt, nicht mehr leisten können. Die Globalisierung bringt es mit sich, dass auf den Banken mit Geld Geld verdient wird und die Schere zwischen arm und reich immer größer wird.

Die Sinnlosigkeit des Anhäufens von Reichtum begreifen unsere Wirtschaftskapitäne nicht. Die Gewinnmaximierung, die zu einer ständig fortschreitenden Verarmung führen muss, sichert den Generaldirektoren und Vorständen immense Summen an Gehältern, die für Einzelpersonen unmoralisch hoch sind. Es geht aber gar nicht um Moral, sondern nur mehr darum, die Industriekapitäne der Welt in ihrem Rang jeweils zu erhöhen oder zu fixieren. Die Frage, ob etwa 20 oder auch 200 Familien, die 80 Prozent des Geldflusses kontrollieren, einmal zur Einsicht kommen werden, dass Millionen Menschen hungern, bleibt unbeantwortet. Hin und wieder ist die Rede davon, dass mit dem spekulativen Geld vielleicht auch investiert werden könnte. Man merkt nur sehr wenig davon. Das System des Neo-Kapitalismus ist früher oder später dem Untergang geweiht. Um das zu sagen muss man kein Futurologe sein. Die einzige Waffe gegen diese neue Form des Kapitalismus ist die, auf den Kauf unnötiger Konsumgüter zu verzichten. Wer arm ist kann nicht mehr konsumieren.

Spass in der Spassgesellschaft

Spaß haben, was ist das? Vergnügt sein, glücklich sein, Kurzweil haben, die Zeit vertreiben, nichts ernst nehmen, flirten, jeden Augenblick des Lebens zu einem Event gestalten, lachen, das Glänzen im Auge des Freundes, deiner Geliebten, deines Nächsten suchen, die Langeweile fliehen, umherirren in stetiger Sehnsucht nach Veränderung, dann plötzlich Fadess, Unmut und neuerliche Jagd nach dem Spaß.

Was ist Spaß? Wie entsteht Spaß? Wer macht Spaß? Woher nehmen wir den Mut zum Spaß?

Wahre Heiterkeit, wahre Freude am Leben entspringt dem tiefsten Bedürfnis unserer Seele. Sie ist sozusagen die Grundwelle unserer Existenz. Daher ist der Spaß das leichte Kräuseln auf der Oberfläche eines seichten Wassers. Heiterkeit bringt uns – richtig verstanden – Zufriedenheit und Freude. Ernst Schönwiese schrieb den Satz: „Gott möge uns die Heiterkeit verleihen, den Mut zu ändern was zu ändern ist."

Der Spaß verändert gar nichts, weder den Einzelnen noch die Gesellschaft. Er bringt auch nicht wahre Freude und sehr selten Zufriedenheit. Spaß ist ein dauernder, untauglicher Versuch, die Unlust zu überwinden. Spaß befriedigt nur kurze Zeit, darin ist er ein Bruder des Witzes. Witz entsteht aus der Aporie des Wahrscheinlichen und des Unwahrscheinlichen, Spaß will das Unwahrscheinliche sofort: das Glück.

Aber das Glück lässt sich nicht kommandieren, es kommt nur zögernd oder gar nicht, wie eine reife Frau schenkt es sich nur aus eigenem Willen. Der Spaß ist der dauernde Versuch das Glück zu vergewaltigen. Man will es haben, man muss es haben, und nachdem dieses Ereignis selten eintrifft, ist die Spaßgesellschaft eine dauernde, sie muss Event an Event reihen. Und doch befriedigt sie nicht.

Die Spaßgesellschaft, die ja nur im beschränkten Ausmaß einerseits in der Society, andererseits in der Jugendkultur herrscht, verändert nichts, verbraucht sich selbst, indem sie Luxusgüter gebraucht, sie hinterlässt in ihren Teilnehmern entweder Leere oder eine nicht zu stillende Sucht. Im Grunde ist sie in ihrer doppelten Gestalt eindeutig schädlich. Die Jugendkultur, die sich in die Spaßgesellschaft stürzt, entfernt sich von ernsthaften Zielen, und es wird ihr immer schwerer, in sich Verantwortung und Stetigkeit zu bilden. Die Society ist ganz einfach (Ab)schaum, weil sie wider besseres Wissen Zeit, Geld, Menschen vergeudet.

Interessanterweise wird sie jedoch durch unsere Massenmedien gleichsam als Vorbild herausgestellt. Die Zweideutigkeit ihrer Existenz wird z. B. in Österreich durch ein Fernsehprogramm deutlich, das den bezeichnenden Namen „Seitenblicke" trägt. Die Spaßgesellschaft produziert Adabeis, Mitläufer und Partygänger, die in den meisten Fällen Events gestalten und den Schritt zur Bewunderung oder zum Konsum echter kultureller Werte nicht vollziehen. Die Mediengesellschaft, sozusagen das Dach über den Sparten der Spaßgesellschaft, fördert diese Tendenz ganz bewusst. Das Kennzeichen des Teilnehmers der Spaßgesellschaft ist ganz einfach: er ist in keiner Weise kreativ, er muss unterhalten werden. Eine große Anzahl von Künstlern, Vortragenden, Sängern, Schauspielern ist notwendig, um diese Spaßgesellschaft am Leben zu erhalten. Man könnte meinen der Sprung aus der Spaßgesellschaft in eine, der Kultur wahrhaft am Herzen liegt, müsste zu schaffen sein.

Aber wie? Beginnen wir einen neuen Ansatz:

Es ist das erste Mal seit Jahrtausenden, dass wir eine Jugend heranwachsen sehen, die dem natürlichen Drang des jungen Menschen nachhaltig nachgeben kann. In allen vergangenen Generationen war die überwiegende Mehrheit der Menschen genötigt, ihren Lebensunterhalt schon möglichst früh zu verdienen, die Arbeit kam gar nicht rasch genug an den jungen Menschen heran. Nur sehr wenige Ausnahmemenschen konnten sich ein arbeitsfreies Leben überhaupt leisten. Das doch breite soziale Netz ermöglicht es heute den jungen Menschen – allerdings nur in der industriellen Gesellschaft der westlichen Welt –, den Eintritt in das Arbeitsleben immer mehr hinaus zu schieben.

Aber das allein ist nicht das Kennzeichen der von uns im Visier befindlichen Spaßgesellschaft. Das Entscheidende ist die stetige Abnahme an echter Verantwortung, die das Individuum für sich selbst und seine Mitmenschen übernimmt. Wir haben es mit einer sozialen Erscheinung zu tun, die multiple Ursachen hat. Die globale kapitalistische Struktur verlagert Produktions- und Arbeitsplätze in Billigländer, die Jugend der westlichen Welt sieht immer weniger Zukunftsmöglichkeiten, verlangsamt und verdünnt den Lernbetrieb und verfestigt seine Interessen in einen Bereich, der heute noch Freizeit genannt wird, in nicht allzu langer Zukunft jedoch arbeitsfreie Zeit für immer mehr Menschen darstellen wird. Das erzwungene Heer der Arbeitslosen, die globale Industrie mit ihren weltweit platzierten Produktionsstätten und der Bereich der Spaßgesellschaft stehen in seltsamem Kontrast zueinander.

Im Grunde jedoch möchte man dieser Spaßgesellschaft alles Glück der Erde wünschen, weil sie zum ersten Mal – wie immer sie es macht – dem biblischen Fluch entgeht, der da sagt: „Im Schweiße deines Angesichtes sollst du dein Brot verdienen“.

Die jungen Menschen von heute verwehren sich ganz entschieden gegen jenes alttestamentarische Gebot, da sie wohl wissen, dass es auch Maschinen gibt, die alle schwere Arbeit, die in früheren Zeiten Sklaven verrichtet haben, ausführen.

Betrachten wir die Spaßgesellschaft von der anderen Seite, so könnten wir auf ein zweites Athen hoffen, auf ein soziales Gefüge, in dem die Künste, die Wissenschaft, der Sport, die Spiele die Betätigung des freien Menschen gewesen sind. Den Makel, der Athen anhaftete, dass nämlich zwei Drittel der Männer Metöken und Sklaven gewesen sind, brauchen wir nicht zu fürchten. Unsere Maschinen sind unsere Sklaven. Und die Spaßgesellschaft könnte eine werden, die sich den bedeutenden Zielen der Menschheit zuwendet, als da wie gesagt der Wissenschaft, der Kunst und – wer mag – auch der Religion.

Von der dreifachen Bedeutung des Wortes Geschichte

Wir sechseinhalb Milliarden Menschen erleben täglich eine ungeheure Anzahl von Geschichten, deren Größe gar nicht geschätzt werden kann. Jeder einzelne Tag, den wir erleben, könnte in zahllose Geschichten aufgelöst werden. Was wir erleben, können wir theoretisch auch erzählen. Vielleicht wollen wir das nicht immer, vielleicht fällt es uns schwer, vielleicht übersteigt es unsere Ausdruckskraft.

Sie geben mir wohl Recht, dass die vielen Ereignisse, die Sie schaffen oder erleiden, alle als Kernstücke von Erlebnisberichten dienen können. Manche Geschichten sind Fortsetzungsromane, andere bloße Aperçus, manche treffen Sie wie Schlagzeilen, andere aber stellen nichts anderes als einen gemütlichen Tratsch dar. Wollte man alles das, was heute geschieht, schriftlich oder elektronisch festhalten, so würde das in seiner Gesamtheit nichts anderes sein, als ein unübersehbares, ungeheuer umfangreiches Chaos. Ein sprechender, singender, schreiender, krächzender, tobender Stern.

Nun gibt es aber Personen mit einer besonderen Begabung, die, wie sie meinen, Zeitgeschichte (denn das wäre das oben beschriebene Chaos) darstellen können; außerdem auch Personen, die die Vergangenheit beschreiben und meinen, dass sie nichts anderes berichten wollen als das, was wirklich geschehen ist. Und zuletzt gibt es phantasievolle Schreiber, die aus prophetischen Motiven oder auf Grund technisch naturwissenschaftlicher Spekulationen sogar das beschreiben wollen, was erst in Zukunft stattfinden wird.

Sie merken, dass das schon drei Arten von Geschichtsbetrachtungen sind, über deren Genauigkeit, Objektivität, ja Wahrheit man doch einige Zweifel haben kann.

Was ist Geschichte? Der akademische Historiker unterscheidet dreierlei. Geschichte als Historie, d.h. ein bestimmtes Einzelereignis, etwa der Siebenjährige Krieg zwischen Preußen und Österreich. Geschichte als Gesamtheit der Weltbeschreibung seit ihren Anfängen bis zur Gegenwart. Diese Geschichte, auf welche Quellen auch immer sie zurückgreift, ist im Grunde ebenso Literatur, Narratives, Erzählung, wie der dritte Bereich. Bei diesem handelt es sich um Geschichten, die wir Kindern erzählen oder einander berichten.

Man könnte auch sagen es gibt Geschichte nur insofern, als wir uns ihrer erinnern. Und nun überprüfen Sie bitte Ihre eigenen Erinnerungen. Wie genau sind sie?

Kein Mensch kann eine Weltgeschichte schreiben, weil er als Einzelner innerhalb des Menschengeschlechtes nur eine partikulare Sicht besitzt. Um die Fülle der Ereignisse zu ordnen muss er sich die eigenen Perspektiven schaffen, weil er in bestimmten Kulturen lebend unweigerlich von diesen geprägt ist und eine unvermeidliche Subjektivität auch beim besten Willen nicht abstreiten kann. Aus eben diesem Grund wird praktisch jede Generation die so genannte geschichtliche Vergangenheit neu bewerten und neu schreiben, und – bewusst oder unbewusst – beschreiben die Historiker die Vergangenheit nur aus dem Grund, damit wir in Zukunft eine Basis der Existenz haben, damit wir ausreichend begründete Motivationen besitzen, um in der Gegenwart und hoffentlich auch in der Zukunft bestehen zu können. Man könnte also auch sagen, Geschichte gibt es jeweils nur in der Gegenwart, um die Zukunft bewältigen zu können.

Gehen wir noch einen Schritt weiter, so lösen sich nahezu alle Fakten, die wir als geschichtlich ansehen, ins Nebulöse auf. Auch wenn wir immer mehr von unserer Vergangenheit wüssten, würde es uns immer schwerer fallen sie darzustellen. Nihilisten meinen überhaupt, wie Theodor Lessing es wollte, Geschichte bedeute dem Sinnlosen einen Sinn zu geben. Können wir damit wirklich übereinstimmen?

Und zuletzt ein Viertes. Die wissenschaftlichen Historiker sind davon überzeugt, dass ihr Selektionsverfahren – Ordnung aus dem Chaos zu schaffen – die größtmögliche Objektivität garantiere, um das Wichtige und Bedeutende der Menschheitsgeschichte festzulegen.

Der normale Universitätsprofessor sieht mit leicht spöttischer Verachtung auf den Schriftsteller herab, der einen historischen Roman schreibt. Aber sofern dieser auf den gleichen Quellen beruht, die dem Wissenschafter zur Verfügung stehen, gibt er der abstrakten Historie, diesem bloßen Skelett, Fleisch und Blut, Geist und Seele. Beide jedoch, der Schriftsteller wie der Historiker, sind im Prinzip nichts anderes als Literaten, wofür ich Ihnen zuletzt ein Beispiel geben möchte.

Der bekannte, berühmte Historiker der römischen Geschichte Theodor Mommsen erhielt den Nobelpreis für Literatur.

Vielleicht eine letzte Überlegung zu diesem Thema: Schon Goethe meinte im Hinblick auf die Geschichtsschreiber, dass es immer der Herren eigener Geist sei, den sie in die Vergangenheit projizieren. Aber das kann doch sicher nicht anders sein, weil der Geist immer in der Gegenwart lebt, und wenn wir vom Geist der Aufklärung, vom Geist der griechischen Philosophen sprechen, so ist es immer unser augenblicklich jetziger Geist, den wir erkennen, der uns zugänglich ist, von dem wir ergriffen werden, d. h. von einem Geist, der jetzt lebt.

Oder können Sie sich vorstellen, dass es einen Geist gibt, der vor hunderten oder tausenden Jahren gestorben ist?

Krieg beginnt in der eigenen Familie

Während wir von Seitensprüngen Adams nur wenig wissen, nur ganz schemenhaft von einer – vermutlich rothaarigen – Lilith Kenntnis haben, während wir keine Nachrichten haben, ob Eva Adam den Seitensprung verziehen hat, geht es in der zweiten Generation bereits um Mord und Totschlag. Von den zwölf Kindern, die Adam vermutlich hatte (siehe Arezzo, das Bildnis von Adams Tod, gemalt von Piero della Francescas), geraten zwei, bekanntlich Kain und Abel, wegen einer vollkommen sinnlosen Angelegenheit in Streit. Beide bringen Gott Opfergaben dar, die sie ihm zu Ehren verbrennen. Kain bemerkt mit Entsetzen, dass seine Rauchsäule nicht senkrecht zum Himmel emporsteigt, der Rauch der Opfergaben des Abel dies jedoch tut.

Auf den ersten Blick ist das doch eine Angelegenheit, die wir dem Wind zuschreiben müssten, und würden die Brüder dies feststellen, erübrigte sich der Totschlag, den Kain an Abel vollführt. Aber so ist das in den Familien. Hinter den einfachsten Handlungen und Vorfällen vermutet ein Misstrauischer Unermessliches. Kain vermutet, dass Gott sein Opfer nicht annehme. Der uns als unschuldig erscheinende Abel büßt dieses Vorurteil seines Bruders mit dem Tod.

In sehr vielen Fällen ist es bloßer Rauch, der die Mitglieder einer Familie verstört, und nicht immer ist hinter dem Rauch auch Feuer. Der Rauch kann von irgendwo hergeweht worden sein. Aber er ist Grund für die verschiedenartigsten Missstimmungen. Es gibt wohl nicht sehr viele Familien, in denen es nicht zu Missverständnissen, Streitigkeiten, Ärgernissen kommt.

Es gibt nicht wenige Familien, in denen manche Mitglieder untereinander gleichgültig gestimmt sind, einander ihre Abneigung offen zeigen und mitunter verfeindet sind. Die Verbrechensstatistik weist nach, dass Kinderschändungen, Gewalt und Totschlag aus Eifersucht und Leidenschaft im engsten Kreise entstehen.

Der Krieg beginnt in der Familie. Es gehört wohl zu unserer ersten Pflicht gegenseitiges Vertrauen aufzubauen. Und das kann man nur, wenn man dem Anderen vertrauensvoll entgegen kommt. Das ist oft überaus schwer und daher, weil dies in den Familien nicht gelingt, oder besser immer wieder nicht gelingt, sind so viele Männer bereit Kriege anzuordnen, in den Krieg zu ziehen und „Gegner" zu vernichten.

Berufe und Berufung

Die Zeit Alt-Europas, die ungefähr 1000 Jahre lang währte, ging etwa mit dem Tod Goethes zu Ende. Das heißt eine nahezu ununterbrochene Tradition herrschte 10 Jahrhunderte hindurch. Es ging um den Aufbau des Feudalismus in den verschiedensten europäischen Fürstentümern, Königreichen und im römischen Imperium deutscher Nation. Die Herrscher bekämpften sich gegenseitig bis zum Tod. Das Leben der Bauern und Bürger ebenso wie das der Edelleute verlief 1000 Jahre lang unverändert nach der Sitte der Väter und Vorväter. War einer Schneider, so musste es sein Sohn ebenso sein. Der Bauer folgte dem Bauern, der Ratsherr dem Ratsherren. Das Wissen der Zeit entwickelte sich nur allmählich, die wenigen notwendigen Techniken ergänzten ein traditionelles Handwerk, und die Agrarkultur war die Grundlage dieser langwierigen Existenz.

Das 19. und 20. Jahrhundert jedoch veränderte Europa, Amerika und nach und nach die übrige Welt. Die festgefahrene Tradition zerbricht, die Agrarkultur wird durch die industrielle Revolution zurückgedrängt und dezimiert. Auf die Revolution des Dampfes folgt die der Elektrizität, der Elektronik, der Nanotechnik. Das Sozialgefüge der traditionsreichen Staaten verändert sich, der Bauernstand umfasst nur noch einen geringen Anteil an der Bevölkerung, die Industrie- und Fabriksarbeit herrscht einige Jahrzehnte vor, und dann entsteht die Informationsgesellschaft, in der es immer weniger Arbeiter, immer mehr Angestellte und neuerdings immer mehr Arbeitslose gibt.

Die jahrtausendlang festgefahrenen Berufsbilder verändern sich total oder existieren gar nicht mehr. Die moderne Naturwissenschaft, umgesetzt von der Technik, bietet immer neue Ansätze für neue Berufe. Berufe, die ständig neue Kenntnisse erfordern, sodass das ehemalige Schlagwort „ein Leben lang lernen“ zur ernsthaftesten Forderung wird, die erfüllt werden muss, damit der Einzelne überlebe. Die Ausbildungs- und Bildungssysteme reichen nicht mehr aus, um dem einzelnen Menschen jene Fertigkeiten und jenes Wissen zu vermitteln, das die Industrie fordert.

Es ist also bereits sehr schwierig, den richtigen Beruf zu finden und auszuüben. Noch schwieriger aber hat es derjenige, der, wie er meint, einer inneren Berufung folgen will.

Damit sind wir beim Kern der Frage: Worin unterscheidet sich ein Beruf von einer Berufung? Im Beruf vollzieht man bereits gängige oder festgelegte Strukturen nach, die im Erwerbsleben erprobt sind. Um jedoch einer Berufung Folge zu leisten, braucht es Kreativität. Das Wort Kreativität wird heute sehr oft und sehr oft leichtfertig gebraucht, es gibt kaum jemanden, der an seine Arbeit nicht dieses Beiwort kreativ anheftet.

Was ist Kreativität wirklich? Ist es Neukombination der Erfahrung, ist es die Entdeckung von vollkommenem Neuland, ist es Intuition, ist es ein Schöpfungsakt aus dem Nichts oder bloß Geschicklichkeit? Ich habe den Eindruck, dass wir alle gern kreativ sein wollen und uns dabei das verschiedenste vorstellen, dass man jedoch Kreativität kaum herbeizwingen kann. Es gibt den bekannten Ausspruch dass Genie nur der habe, der zugleich sehr fleißig ist. Genie und Kreativität scheinen ähnliche Erscheinungen zu sein, und so habe ich die Hoffnung, dass Kreativität durchaus erlern- und erwerbbar ist. Sechs Milliarden Gehirne können und dürfen sich nicht darin erschöpfen, vorgezeichnete Bahnen zu gehen. Sechs Milliarden Gehirne sind meiner Meinung nach eine ungeheure Potenz, die für die positive Weiterentwicklung der Menschheit zur Verfügung steht.

Sie und ich müssen daher in unserem Denken und in unserem Handeln alte Wege vermeiden, neue suchen und so dazu beitragen, die Welt positiv zu gestalten. Denn Berufe und Berufung dienen nicht bloß dem Gelderwerb. Wir üben unseren Beruf oder unsere Berufung auch deshalb aus, um unsere Familie, unser Unternehmen, unseren Staat und unsere Welt nicht nur am Leben zu erhalten, sondern auch zu verbessern. Es ist darum, so glaube ich, sehr wichtig, dass wir uns im Beruf verbessern und auch daran arbeiten kreativ zu sein.

Über Nationalismus

Vor einem oder zwei Jahrhunderten gab es Patrioten, die für Gott, Kaiser und Vaterland oder für irgendeinen König oder Staatsmann in den Krieg zogen. Aber auch die Römer waren schon Patrioten und der Dichter Horaz behauptete: „Dulci et tecorum est pro patria mori" („Süß und ehrenhaft ist es für das Vaterland zu sterben").

Ich finde das leicht übertrieben.

Seit den napoleonischen Kriegen, die den Unwillen des nicht französischen Europas begreiflicherweise hervorriefen, entwickelten nicht nur die Staaten, sondern auch die Völker im Kampf gegen Napoleon einen eigenen Nationalismus. So stand also im 19. Jahrhundert Nationalismus gegen Nationalismus und die Anhänger dieser Ideologie bildeten sich weiß Gott was darauf ein, Nationalisten zu sein.

Ich bin geboren in einem Ort, den ich als meine Heimat empfinde, ich lebe in einem Land, das mir sympathisch ist, und ich weiß, dass dieses Land in Europa liegt, so empfinde ich mich auch als Europäer. Nationalist zu sein ist eigentlich eine Krankheit. Denn stellen Sie sich vor, der Mann oder die Frau, dem oder der Sie begegnen, äußert fanatische nationalistische Ideen, und dann fragen Sie ihn oder sie, ob er oder sie, wenn er z. B. jenseits der Grenze geboren worden wäre, einen ähnlichen Fanatismus für das ihm jetzt fremde Land entwickeln würde. Ihr Gesprächspartner wird sie nur verständnislos ansehen. Eine gleiche Frage könnten Sie einem Menschen stellen, der gegen fremdstämmige Flüchtlinge zu Felde zieht, der davon spricht, dass das Boot voll sei und der zumeist höchst unbegründet um seinen Arbeitsplatz oder sogar seine Wohnung fürchtet. Wie würde er es empfinden, wenn ihm in einem fremden Land so begegnet werden würde, wie er es den Flüchtlingen gegenüber tut.

Aber zurück zum Nationalismus. Er nämlich ist der Kern aller solcher inhumanen Verhaltensweisen, die entweder aus einem Minderwertigkeitsgefühl, aus unbegründeter Angst, vielleicht sogar aus Neid und Missgunst entspringen. Menschen, die nicht in der Lage sind, eine eigene Persönlichkeit zu entwickeln, die den Prozess der Individuation nicht mitgemacht haben, begnügen sich, um ihr Selbst zu identifizieren, damit, sich die Klischeemaske des Nationalismus anzueignen. Und man ist immer im Recht, wenn man sich national gebärdet. Immer steht hinter einem ein anderer, der ein Gleiches tut, der, aufgewachsen in einem Waldtal, umgeben von grünen Tannen und hohen Gebirgen, oder einer engen Stadtgasse, ehebaldigst weiß, dass er in der besten aller Gegenden geboren wurde und die Meinung vertritt, dass er diesen Flecken Erde, der ihn umgibt, gegen unbekannte oder bekannte fremde Mächte verteidigen müsse.

Nationalismus ist wie eine Uniform, die nichts Privates an sich hat. Der arme Nationalist kann keine eigene Persönlichkeit entwickeln, die den Panzer dieser Uniform durchdringt. Und doch steht ihm so vieles offen. Der Nachbar jenseits der Grenze hat eine ebenso reiche Kultur wie er selbst, beide – der Nachbar und er – müssen sie sich erwerben. Und dann sind sie in der Lage, an dem vollem Reichtum teilzuhaben, den die Vergangenheit und die Gegenwart nicht nur im Materiellen, sondern im Geistigen und Seelischen bereitstellt. Das erfordert allerdings Arbeit, Arbeit mit der Hand, Arbeit mit dem Kopf, es erfordert auch Denken. Es erfordert Eingehen – nicht nur auf den nächsten Nachbarn, den ich in meiner Heimat erlebe, sondern auch Eingehen und Verstehen derjenigen Menschen, die jenseits der Grenze in einem Vaterland leben.

Es gab zahlreiche Utopien, die der Hoffnung Ausdruck gaben, dass die Staaten, Vaterländer und Nationen sich im Verlauf der Geschichte auflösen und neuen sozialen Organisationsformen Platz machen würden. Wir selbst leben im Augenblick in einer Zeitzone der Umformung und Verwandlung. Unsere europäischen Vaterländer und Nationen schlossen sich bereits zu der übergreifenden weiträumigen Organisation der „Europäischen Union“ zusammen, worauf unvermittelt der Gedanke der Regionen virulent wurde, sozusagen als Ersatz für die Nation. Leider bleibt aber in vielen Köpfen das nationale Denken, das ein Denken der Überheblichkeit ist, noch immer wirksam. Wir alle haben Hoffnung, dass dieser dem Menschen nicht angeborene Gedanke – obschon das Wort Nationalismus mit dem lateinischen Wort für Geburt (nascere) zusammenhängt – in den künftigen Jahrzehnten mehr und mehr verschwinden wird, je besser die Verwaltung der Europäischen Union sich gestaltet.

Aus Nationalismus sind besonders im 20. Jahrhundert die entsetzlichsten Kriege entstanden, und auch in unserem gibt es noch eine Menge von Nationalstaaten, deren Ideologie es ist, Menschen in ihren Territorien gleichzuschalten, aus nationalen oder religiösen Gründen Nachbarstaaten zu befeinden und zu bekämpfen. Der Nationalismus ist eine Art Krebs, der sowohl die Einzelperson als auch die Staatsverfassungen und -verwaltungen befällt und auch alle kulturellen und geistigen Produktionen einer Gesellschaft vergiftet. So haben z. B. Literaten, Dichter, Publizisten, Wissenschafter, d. h. die Intellektuellen großer Staaten durch ihre Produktionen den Nationalismus angeheizt und somit auch die Grundlagen für den Ersten und Zweiten Weltkrieg gelegt. Eben jene Intellektuellen, deren wahre Aufgabe es gewesen wäre, ihre Mitmenschen von der Klischeevorstellung des Nationalismus zu befreien, sie aus ihrer Krankheit heraus zu holen und zu neuen humanen, menschlichen Zielen zu führen. Die Menschheit kann im Grunde ja als eine Familie angesehen werden – und sie ist auch eine Familie. In ihren Ursprüngen stammt sie in Europa z.B. von den neun Urmüttern ab, was anhand der weiblichen DNR nahezu mit Gewissheit bewiesen wurde. In Familien gibt es ebenso Streitigkeiten wie zwischen den Nationen. Es wird sich daher empfehlen „klein anzufangen“, den Streit innerhalb der Familien zu befrieden und, wenn dies gelingt, die nächste Gruppe, etwa die der Arbeitswelt, die einer Partei etc., ebenfalls zu gegenseitiger Rücksichtnahme und friedensstiftenden Maßnahmen zu bewegen. Der ganz entscheidende Punkt, der gegen fanatischen Nationalismus und die engstirnige, egozentrische, nationale Haltung spricht, diese ganz entscheidende Wendung in der Geschichte der Menschen ist durch die Anerkennung der Menschenrechte weitgehend vorbereitet. Hier an diesem Ort können wir darauf hinweisen, dass es keinem Staat der Welt heute mehr frei steht, die Bürger des eigenen Landes unmenschlich zu behandeln oder aus nur nationalen Gründen Flüchtlinge, Fremdstämmige, Angehörige anderer „Rassen“ zu diskriminieren. Es gibt heute einen umfangreichen Kodex, der sämtliche Erklärungen der Menschenrechte und auch offizielle Stellungnahmen der Staaten zusammenfasst. Die amerikanische, französische, europäische, afrikanische Fassung, die zum Teil untereinander differieren, bilden somit eine juridische Konstruktion, die den Nationalismus gewisser Spießbürger längst hinter sich gelassen hat und uns hoffen lässt, dass die überhebliche Dummheit und die klischeehafte Krankheit des Nationalismus noch in diesem Jahrhundert weltweit, wenn nicht aussterben, so doch sehr zurückgehen wird. Wer sich heute als Nationalist bezeichnet, dekuvriert sich selbst.

Über Aufklärung in einer Gesellschaft, die sich für aufgeklärt hält

Im Grunde gibt es mehrere Bereiche, in denen wir erzogen werden: Elternhaus, Schule, Universität, Berufsausbildung, Kirche, sie interessieren sich zunächst für die kognitive, die moralische und die ästhetische Erziehung.

Die kognitive Erziehung allein nimmt einen Großteil unseres Bildungssystems ein, wobei mehr und mehr die berufsausbildende Erziehung in den Vordergrund gerückt wird, auf Kosten der Allgemeinbildung. Die moralische Erziehung bleibt dem Elternhaus, dem Bekanntenkreis, der religiösen oder ethischen Erziehung in der Schule überlassen, und wird durch die Lebenserfahrung korrigiert oder gefördert. Den, wie ich meine, geringsten Teil unserer Erziehung bilden all jene Versuche, unser Gefühlsleben, unsere ästhetische Urteilskraft und unser Verhältnis zu Mitmenschen und Gesellschaft auszubilden. Unsere Gesellschaft hält sich für aufgeklärt.

Sie ist jedoch nicht in der Lage, das kognitive Wissen auf ein notwendiges Mindestmaß zu beschränken, sie vermag nicht nachhaltige und dauernde moralische Gesetze in uns zu verankern, und sie ist bei der dritten Gruppe, der ästhetischen Erziehung, besonders fahrlässig und überlässt bzw. zwingt uns durch die Print- und elektronischen Medien Werte auf, die diesen Namen nicht verdienen. Es ist offenkundig, dass unser gesamtes Bildungswesen veraltet ist, den Anforderungen der Gesellschaft ebenso wenig entspricht, wie den berechtigten Wünschen der einzelnen Individuen.

Eine Revolutionierung des Bildungsbereiches, so notwendig diese auch wäre, ist aber unendlich schwierig, weil sie als Mittel zum Zweck (ökonomische Bereicherung) und nicht als Zweck selbst angesehen wird. Die Globalisierung, die die Produkte der westlichen Welt, mehr noch ihr Machtbedürfnis, sowohl den Geldfluss als auch die politischen Kräfte kontrolliert, ist immer mehr dazu geeignet, die Interessen der Nationalstaaten zu nivellieren, Sie bringt es mit sich, dass der Einzelne in dieser Gesellschaft sowohl an seinem Eigenwert als auch an seiner Würde verliert und dass seine speziellen Bedürfnisse vernachlässigt werden. Als der Klassenkampf der verschiedenen Gesellschaftsschichten noch sichtbar und nicht durch die Konsumgesellschaft abgelöst worden war, konnte man noch für die Bildungsbedürfnisse der Bürger, der Arbeiter etc. eintreten und Erfolge erzielen.

Das Bildungsziel in unserer so genannten aufgeklärten Gesellschaft verengt sich zusehends darauf, geeignete Bediener der modernen Apparatewelt zu schaffen. Die moralische und ästhetische Erziehung wird immer mehr zur Privatsache und bleibt dem Einzelnen, sofern er es vermag, überlassen. Eine Auflehnung gegenüber der immer stärker wachsenden Entfremdung, die so sanft stattfindet, dass sie vom Normalbürger gar nicht mehr empfunden wird, ist aus eben diesen Gründen gar nicht mehr möglich. Die großen Industrien, die Multis, die Banken, die Betreiber der Globalisierung, die wohlweislich bereits einen zweifachen Geldfluss eingerichtet haben, der in erster Linie nur ihrer eigenen Bereicherung dient, haben kein Interesse an der moralischen und ästhetischen Ausbildung des Einzelnen; oder wenn sie ein solches vortäuschen, so nur ein sehr geringes.

Antisemitismus

Das jüdische Volk zählt zu den interessantesten Volksgruppen der Welt. Es ist die erste soziale Gemeinschaft, die einen gestaltlosen Gott gefunden oder erfunden hat. Einen Gott, der zunächst nur ihnen gehört, den sie eifersüchtig als ihr Eigentum betrachten und mit dem sie immer wieder Verträge abschließen, über die Priester, Könige und Propheten wachen, die sie auch brechen und missachten – die Verträge nämlich. Dieses einzigartige Volk dehnt die Rache seines Gottes auch auf fremde Völker aus, wenn Könige stürzen, Reiche zusammenbrechen, so geschieht dies in biblischer Zeit immer wieder als Bestrafung der Fremdlinge, die den Juden Böses angetan haben.

Die Religionsgeschichte kennt kaum ein engeres Verhältnis zwischen den Gläubigen und ihrem Gott, als dasjenige, das orthodoxe Juden eingehen, indem sie etwa mehrere hunderte von Ritualhandlungen, und das täglich, vollbringen müssen, um ihrem Gott und sich selbst gerecht zu werden. Speisevorschriften, die Formen der Ehe, die Rituale im Tempel und in den Bethäusern zeugen alle von dieser innigen Verbundenheit mit ihrem Schöpfer. Das besondere im Judentum besteht darin, dass sie am Ende der Zeiten den Messias erwarten, der das Reich der Freiheit und der Erlösung für sie bereiten wird.

In der Geschichte des Judentums gab es daher immer wieder besonders in historisch katastrophalen Zeiten messianische Bewegungen, die dieses Endreich herbeiführen wollten. So etwa die Jesuanische Bewegung zu Beginn unserer Zeitrechnung oder die des Ben Zwi im Osteuropa der beginnenden Neuzeit. Dieses strenge religiöse System, weiters die Tatsache, dass nur derjenige Jude ist, der von einer jüdischen Mutter geboren wird – beides ist eine starke Klammer, die die Einheit dieses Volkes festigt –, wird den jeweiligen Zeitgenossen zu einem deutlichen Ärgernis. Es gibt keine Verschmelzung des jüdischen Volkes mit seinen Nebenvölkern. Wenn eine solche kurzfristig stattfinden sollte, so gibt es erfolgreiche Gegenmaßnahmen.

Vom religiösen Standpunkt aus gesehen, sind die Juden ein Heilsvolk, von Gott besonders privilegiert und ausersehen, auserwählt, einzigartig. In der historisch fassbaren und halbwegs belegbaren Zeit, sehen wir immer wieder Kriege und Kämpfe der Juden mit ihren Nachbarn. Die Menschheitsgeschichte selbst kann ja ganz allgemein als eine fast ununterbrochene Kette von Kriegen dargestellt werden. Zumeist jedoch wechseln dort die Gegner, Reiche folgen auf Reiche, Dynastien auf Dynastien, Weltmächte auf Weltmächte. In einer ganz einzigartigen Situation befindet sich das Judentum. Ohne auf die Geschichte des Judentums einzugehen, ist es unverständlich. Die entscheidenden Wendepunkte seiner eigenen Geschichte, Abrahams Auszug aus Ur, Moses Ausbruch aus Ägypten, die Besiedelung Kanaans, die Bildung zweier Königreiche, das von Juda und das von Israel, der Vernichtungskampf der Babylonier, später die hellenistische Herrschaft, endlich die Zerstörung des ersten Tempels, dann die Zerstörung Jerusalems und des zweiten Tempels durch die Römer, alles das sind nicht bloß historische Ereignisse, die den Volkskörper des Judentums betreffen, sie werden eo ipso Bestandteile ihrer Religion, ihrer Feste, ihrer Rituale. Sie sind das einzige Volk, das seine Geschichte in seine Religion verwandelt hat, das seine Geschichte zur Religion macht. Die ungeheure Wirkung dieser niedergeschriebenen Geschichte in Form der Bibel erweist ihre Kraft in allen Folgekulturen des Westens und des mittleren Ostens.

Die auf das Judentum folgenden zwei Buchreligionen, das Christentum und der Islam, verhalten sich zum Judentum so wie der Sohn zum Vater. Es ist schier unbegreiflich, dass es im Verlauf der Geschichte immer wieder Anlässe gibt, Juden zu entrechten, zu verfolgen, zu berauben und zu töten, einfach deshalb, weil sie Juden sind. Oder, wenn wir die Sachlage von einem entgegengesetzten Standpunkt betrachten, praktisch alle Völker Europas, Asiens, Amerikas haben gegeneinander Vernichtungskriege und -feldzüge geführt, sind jedoch nach und nach immer wieder in ein Gleichgewicht gekommen, in dem die feindlichen Begegnungen beendet wurden. Das jüdische Volk allein, wohl auf Grund seiner im Metaphysischen verankerten Existenz, fordert einerseits den Hass seiner Zeitgenossen heraus, überwindet jedoch deren Verfolgung und Nachstellung immer wieder. Das allein ist ein historisches Wunder.

Der Antisemitismus selbst jedoch hat, wie wir alle wissen, christliche, ökonomische, nun sogar auch muslimische Wurzeln. Er zählt zu den entsetzlichsten Vorurteilen, die in der Menschheitsgeschichte jemals aufgetreten sind.

Über Minoritäten

Um aus dem Chaos ungeregelter Sozialverhältnisse herauszufinden gab und gibt es mehrere Wege, den der Gewalt und den der Stimmzählung. Im zweiten Fall haben wir es mit der Demokratie zu tun, zu der wir uns alle gern bekennen, obwohl wir wissen, dass sie ihre Schwierigkeiten besitzt. Bequem ist die Demokratie für die Majorität, sie findet sich im Recht und in der Lage Gesetze zu beschließen. Sie tut dies in Parlamenten und überlässt deren Durchführung der Exekutive. In allen Fällen, wo es Mehrheiten gibt, gibt es auch Minderheiten, Minoritäten. Die Qualität einer Demokratie erweist sich daran, wie sie mit den Minoritäten verfährt, ob sie in ihnen gleichberechtigte Staatsbürger sieht, oder Bürger, deren Wohl und Wehe zu vernachlässigen ist.

Im Grunde ist jeder von uns Angehöriger irgendeiner Minorität. Entweder als Angehöriger eines kleinen Staates, als Bekenner einer Religion, als Mitglied eines Vereines, als Kranker unter Gesunden, als Ungebildeter unter Gebildeten, als nur mäßig Gebildeter unter Hochbegabten usw. Und im Grunde möchten wir eigentlich immer zu irgendeiner Majorität gehören, zu ihr zählen, auf sie bauen können. Und sind wir unweigerlich als Angehöriger einer Minorität erkennbar, so werden wir uns mit Gleichen oder Ähnlichen zusammenschließen um uns wenigstens einer größeren Gruppe zugehörig zu fühlen. Das ist vielleicht ein kindisches Verhalten, vielleicht ist es uns anerzogen oder angeboren. Aber es gibt nur wenige, die von sich behaupten: „Der Starke ist am mächtigsten allein“, da ja der Umkehrschluss, wer allein ist, ist am stärksten, nicht stimmt.

Wir alle sind soziale Wesen, und obschon moderne Existenzphilosophien uns belehren, dass wir als einzelne Individuen in die Welt geworfen wurden, sehnen wir uns immer danach, nicht allein zu sein, versuchen wir immer uns mit Gleichgesinnten zu verbünden. Es ist ein Zeichen von Unreife und von Gedankenlosigkeit auf Minoritäten herabzusehen, sie schlecht zu behandeln oder auch sich ihnen gegenüber gleichgültig zu verhalten. Sind wir doch selbst, um es nochmals zu sagen, in vielfältiger Hinsicht Angehörige einer Minorität. Welcher, das können Sie nur selbst bestimmen.

Hunger und Armut

Im Gegensatz zu unseren Großvätern und Urgroßvätern können wir uns nicht mehr damit herausreden, dass wir nicht wüssten, wer, wo und wann arm sei und an Hunger leide. Seit einigen Jahrzehnten gibt es eigene Weltorganisationen, die genaue Daten erheben, welche Bevölkerung auf welchem Kontinent entweder an der Armutsgrenze lebt oder bereits vollkommen verarmt ist, und unsere Mediengesellschaft unterrichtet uns nahezu täglich, wo in der Welt Hunger wütet. Die letzte Meldung, die ich hörte, spricht davon, dass alle drei Sekunden irgendwo in der Welt ein Kind an Hunger stirbt. Hunger und Armut sind das Weltproblem Nummer eins und dennoch gehen wir jeden Tag zur Tagesordnung über und erledigen die Geschäfte, die uns in der zweifellos reichen Welt wichtig erscheinen.

In Wahrheit müsste ein einziger Aufschrei die Welt erschüttern und tiefe Beschämung uns alle erfassen. Was tun wir wirklich? Bestenfalls unterstützen wir jene Nicht-Regierungs-Organisationen, damit sie in den krassesten Fällen minimale Unterstützung leisten können.

Die großen Religionen haben seit ihrem Ursprung immer darauf hingewiesen, dass Arme zu unterstützen sind. Ein Zehntel des Einkommens oder des Vermögens wurde von den Angehörigen des mosaischen Glaubens, den Juden, eingefordert und gestiftet. Das beschränkte sich freilich auf die Angehörigen ihrer Religion. Die Muslime kennen ein ähnliches Gebot, und auch die Christen praktizieren, z.B. im Rahmen der Caritas, die gleiche Tugend der Mildtätigkeit.

Alles das, so verdienstvoll es ist, stellt sich als unzureichend heraus. Die Nationen der Welt haben die verdammte Pflicht und Schuldigkeit, die Milliarde Menschen, die hungert und arm ist, mehr als am Leben zu erhalten und dafür zu sorgen, dass sie ein menschliches Leben führen können. Solange jedoch die Politiker, die unsere Staaten verwalten oder beherrschen, nicht den Druck der Basis spüren, nicht wirklich genötigt werden die geeigneten Maßnahmen zu treffen, machen wir uns alle schuldig. In den KZs und Gulags starben Millionen. Wir sind fassungslos über diese Verbrechen.

Was können die Religionen zum Frieden beitragen?

Die erste Antwort, die mir einfällt ist die: Alles und Nichts!

Die großen Religionen der Welt könnten, wenn sie ihre eigenen Prinzipien verwirklichen, den Frieden der Menschheit garantieren. Sie können es nicht, weil sie ihren Prinzipien nicht Folge leisten, weil ihnen traditionelle Positionen, als Amtsträger bürokratischer, religiöser Verwaltungshierarchien wichtiger erscheinen als die endgültige Versöhnung, zu der sie als Verteidiger des Numinosen, als Prediger des Göttlichen verpflichtet wären. Jahrtausendalte Satzungen, Rituale, Besitz an Macht, Geld und Einfluss verhindern neben fanatisierten Cliquen eine wirkliche Verbrüderung der großen Religionen. Gegenseitige Umarmungen, gemeinsame Gottesdienste, Besuche von heiligen Stätten sind zwar sichtbare Zeichen eines schlechten Gewissens, das die geistigen Würdenträger durch derartige Handlungen beschwichtigen wollen, in ihnen ersticken jedoch alle Maßnahmen, die dazu führen könnten, aus der Menschheit eine Familie zu machen.

Die Realpolitik der Staaten hat sich seit dem Mittelalter, zumindest in der westlichen Welt, von der spirituellen Macht der Geistlichkeit getrennt. Die Friedenspolitik eines Johannes Paul II. hatte zwar u.a. zum Zusammenbruch der Sowjetunion beigetragen, aber die Differenzen zur Orthodoxie und zum Islam nicht überwinden können. Das heißt Religionen können, wenn sie wollen, politisch agieren, sie können jedoch kaum über ihren Schatten springen, sobald sie sich gegenseitig Zugeständnisse im sakralen, klerikalen, bürokratischen Bereich machen sollten. Wir Gläubige sollten das von ihnen fordern.

Sind Kriege unvermeidlich?

Die erfreulichste Parole, die ich jemals gehört habe, heißt: „Nie wieder Krieg“. Nachdem ich selbst über fünf Jahre im Krieg war, habe ich an seinem Ende kein schöneres und hoffnungsvolleres Wort gehört. Ich war überzeugt, dass es nach den Katastrophen zweier Weltkriege den Politikern gelingen müsse, in Zukunft Kriege zu vermeiden.

Aber fast 200 Kriege brachen nach 1945 weltweit aus.

Warum gibt es Kriege? Offenbar deswegen, weil diejenigen, die sie herbeiführen, nicht selbst in den Krieg müssen. Könnte man alle diejenigen, die hinter ihren Schreibtischen verschanzt die Jugend ihrer Völker in Marsch setzen, selbst in Tanks und Flugzeuge stecken, um dieses blutige Gewerbe auszuführen, müssten sie, sobald sie Kriege beginnen, selbst Soldaten werden, gäbe es keine Kriege. Zur Zeit glaube ich, besteht eine vage Hoffnung, dass weltweit umfassende Kriege kaum mehr ausbrechen werden.

Wir haben uns eine andere Form des Schreckens eingehandelt – den Terror. Dieser Terror ersetzt Schlachtfelder und zersetzt und zerfetzt die Zivilbevölkerung in jenen Gebieten, die früher als „Hinterland“ bezeichnet wurden. Der Krieg ist also allgegenwärtig geworden, weniger aufwändig, jedoch ungeheuer schrecklicher. Er trifft nun nicht mehr nur ausgebildete Soldaten und berufsmäßig vorbereitete Militärs, nun sind auch Frauen, Kinder und Zivilisten Opfer. Irgendetwas steckt im Menschen, das ihn nötigt zur Gewalt zu greifen. Werden Angriffskriege geächtet (was nun auch nicht mehr der Fall ist), so behauptet man, es gäbe einen gerechten Krieg, nämlich den sich zu verteidigen. Dies scheint logisch, jedenfalls ist es praktikabel. Es ist nur zugleich die Schande der Menschheit, dass wir nicht in der Lage sind, Kriegen Einhalt zu gebieten, bzw. immer neue Kriege stattfinden. Und dennoch bleibt für Sie und für mich nichts anderes übrig, als an der Weisheit des Wortes: „Nie wieder Krieg“ festzuhalten. Versuchen wir zunächst einmal den Krieg in der Familie, falls er stattfindet, einzudämmen.

Dialog, Streitgespräch

Im Wienerischen gibt es ein Sprichwort, das da lautet: „Mit'm Reden kommen die Leut zam." Es ist eine jener optimistischen Redewendungen, die sich selten bewahrheiten. Wer da glaubt, dass man Menschen mit verschiedener Ansicht nur um einen Tisch setzen muss, und sei es ein runder, sie würden sich dann eher verständigen und zu einem Ergebnis kommen, ist in meinen Augen ein redlicher, optimistischer, ehrlicher Mann (oder Frau), der ein wenig zu gutgläubig ist. Das bloße Reden bringt die Menschen sehr oft auseinander, ja mit gesteigertem Redefluss bringt unser Gehirn immer mehr Material zu Tage, das geeignet ist, die sprechenden Personen noch weiter voneinander zu entfernen, als sie am Beginn ihres Gespräches gewesen sind.

Das Wort Dialog hat für mich eine optimistische Färbung. Es verspricht mir, dass zwei Menschen vernünftig, gesittet, innerhalb der Normen eines guten Benehmens miteinander reden, indem sie die treffenden bzw. notwendigen Argumente vorbringen, zuhören können, wenn der Dialogpartner seinerseits argumentiert, und beide willens sind, nicht nur den Standpunkt des anderen, sondern auch den eigenen auf Stichhaltigkeit zu überprüfen. Ein richtig geführter Dialog müsste eigentlich die beiderseitigen Standpunkte revidieren, von ihrer Fehlerhaftigkeit befreien und zuletzt ein Ergebnis erbringen, mit dem beide, wenn schon nicht zufrieden, so doch einverstanden sein können. Die Aufgabe der heute immer mehr auftretenden Mediatoren besteht darin, als Dritte bei so einem Dialog zu vermitteln und Schritt für Schritt dieses zentrale Ergebnis der Übereinstimmung herbei zu führen. Allerdings gehört es wohl zu den wirklich schwierigen Aufgaben, vor die wir gestellt werden, Dialoge auch dann zu führen, wenn Zeit, Umstände, unsere persönliche Verfassung, womöglich auch Leidenschaften uns dabei in die Quere kommen.

Die Theorie des Dialogs ist einfach: verstehen des anderen, zuhören und sich auf das Wesentliche bescheiden und gegebenenfalls nachgeben können. Freilich bleibt das Ziel immer, die Wahrhaftigkeit im Gespräch herauszufinden.

Das Streitgespräch, zu dem sich sehr viele Dialoge entwickeln, baut im verstärkten Maß auf Gewandtheit der Redner, auf bedrohliche Argumente, auf lautstarke Verbalisierung. Es hat im Grunde genommen das Ziel, den Gesprächspartner zu überwältigen, ihn „klein" zu machen, seine Argumentation als unzutreffend hinzustellen, seine Wortfindungen möglicherweise lächerlich zu machen. Das Streitgespräch ist in meinen Augen eigentlich ein Waffengang, der sich allerdings nur der Worte bedient.

Wenn ich es mir aussuchen könnte, würde ich mir zur Beilegung von unklaren Sachverhalten wünschen, mit meinem Gesprächspartner einen echten Dialog führen zu können. Denn dann könnte ich hoffen, dass jeder von uns ohne Beschämung, ohne verstimmt zu sein, ohne gekränkt zu werden, den Schauplatz des Dialoges verlassen kann. Im Streitgespräch bin ich mir nicht so sicher, dass nicht ich oder der andere gewissermaßen verwundet wird.

Von Elias Canetti stammt der wunderbare Satz „dass jeder Befehl in dem Menschen, dem er erteilt wird, eine Wunde hinterlässt – einen Stachel". Ich möchte das auf das Streitgespräch anwenden. Das Streitgespräch neigt sehr dazu, im anderen Stacheln zu hinterlassen, die nur schwer zu entfernen sind. Im Dialog hingegen kann jene Stimmung erreicht werden, die uns in eine angenehme, zufriedene seelische Situation versetzt.

Über Kinder und ihre Erziehung oder gibt es erzogene Eltern?

Kinder könnten erzogen geboren werden, wenn die Eltern selber erzogen wären (Johann Wolfgang Goethe).

Zu den schwersten Aufgaben, die wir uns als zumeist noch verhältnismäßig junge Menschen aufladen (die wir vielleicht freudig erstreben), gehört es Kinder zu haben und zu erziehen. Denn hier kann man alles falsch machen ohne es zu wissen, hier kann man in der besten Absicht, alles zu tun, was dem Heranwachsenden nützt, auch ununterbrochen Fehler machen. Und leider ist Erziehung ein Gebiet, wo einmal falsch Gemachtes nicht oder nur sehr schwer ausgebessert werden kann. Das Kind oder der junge Mensch ist kein Experimentierfeld, wo man nach Willen und Laune einmal dies und ein anderes Mal jenes versuchen kann. Jede Art von Erziehung oder von Nicht-Erziehung prägt sich unauslöschlich dem Kind als Erziehungsobjekt ein.

Jedermann weiß, dass es zwei Haupttendenzen gibt: Eine strenge Erziehung und eine – nennen wir den Gegensatz so – freie Erziehung. Wenn es wirklich richtig ist, dass derjenige Lehrer der beste ist, dem es gelingt sich überflüssig zu machen, so gilt dies nicht für die Eltern, den Vater und die Mutter, den Erziehungsberechtigten. Das Ziel einer erfolgreichen Pädagogik kann nur sein, dass das Verhältnis zwischen Eltern und Kindern lebenslang ein gutes ist. Dass das Kind und der Heranwachsende das Gefühl haben kann, in seiner Familie geborgen zu sein, jederzeit von ihr Hilfe und Unterstützung zu erhalten, die er bei Gelegenheit im späteren Alter auch bereit ist rückzuerstatten. Das vierte Gebot: „Du sollst Vater und Mutter ehren, auf dass du lange lebest in dem Lande, das dir der Herr dein Gott gibt." Das ist die älteste Version, später heißt es „auf dass es dir wohl ergehe auf Erden". Das ist eine recht patriachalische Formulierung des Verhältnisses zwischen den Generationen. Wir neigen dazu, heute, in einer moderneren Zeit, dieses Gebot sozusagen von der Kehrseite anzusehen, es würde dann ungefähr so lauten: Du sollst von allem Anfang an und schon im Mutterleib deinem Kind alles erdenklich Gute angedeihen lassen, auf dass es im Lebenskampf ein tüchtiger und erfolgreicher Mensch werden kann.

Um gerecht zu sein muss man feststellen, dass die moderne Pädagogik sehr viel über die Entwicklung des Kindes und jungen Menschen geforscht und in Erfahrung gebracht hat. Dass es auf Seiten der medizinischen Betreuung große Fortschritte gibt, z. B. den Mutter-Kind-Pass, dass aber kein Vater und keine Mutter je einen Lehrgang gemacht habt, wie man Kinder gut und richtig erzieht. Insgeheim ist noch immer von der „g'sunden Watsch'n" nicht nur die Rede, sondern sie findet auch tatsächlich statt; Strafen und Belohnungen sind noch immer das probateste Mittel, das den Eltern zur Verfügung steht. Es ist sehr eigenartig, dass wir in dem Augenblick, in dem wir Eltern werden, auch der Meinung sind, zu wissen, wie wir unsere Kinder zu erziehen haben und sei es auch nur, wie wir uns vor ihren Unarten, ihrem Lärmen und Toben schützen können. Was wir aber wirklich wissen sollten ist – wer wir selber sind. Da es doch klar ist, dass wir mit unseren Erziehungsmethoden unsere eigenen Urteile und Vorurteile, unsere Vorzüge und unsere Nachteile bewusst oder unbewusst dem Kind weitergeben.

Und da fragt es sich, ob dies wirklich wünschenswert ist? Sollten unsere Kinder nicht besser sein als wir? Klüger, entscheidungsfreudiger, menschlicher? Stimmt also doch der Satz: Kinder könnten erzogen geboren werden, wenn die Eltern erzogen wären?

Väter und Söhne

In der patriachalischen Gesellschaft, in deren Ausläufern wir uns etwas verwirrt bewegen, zählt es zu den bedeutenden Prinzipien, dass der Familie ein Sohn geboren wird. Woher kommt dieser Wunsch, woher kommt es, dass selbst die Mütter ihrem Gatten zuliebe oftmals den gleichen Wunsch äußern?

War der männliche Nachkomme von so entscheidender Bedeutung für das Überleben früher Familien, oder war dieser Wunsch nach einem männlichen Spross darin begründet, eine gewisse Herrschaft innerhalb des Familienverbandes für die Zukunft zu sichern? Ganz sicher war es opportun und auch notwendig, männliche Arbeitskräfte in einem Haushalt, in einem Gewerbe, einer Gemeinschaft, einer Regierung zu besitzen.

Eigenartig ist jedoch, dass die weiblichen Mitglieder einer Familie nicht von allem Anfang, von jenem Beginn unserer sozialen Ordnungen, nach dem heute langsam erreichten Gleichgewicht zwischen Mann und Frau gestrebt haben. Der Sohn stand Jahrtausende hindurch im Mittelpunkt der Familienplanung. Ihm galt nicht nur das Erbe und die Nachfolge, ihm wurde auch die bessere Erziehung, in vielen Fällen überhaupt Erziehung zuteil.

Zugleich aber schuf sich, ob er wollte oder nicht, der Vater im Sohn nicht nur einen Partner, sondern in sehr vielen Fällen auch einen Konkurrenten. Man denke hier an die tiefenpsychologischen Erkenntnisse eines Sigmund Freud. Die Entwicklung unserer ökonomischen, sozialen, technischen Umwelt basiert auf der Spannung zwischen den aufeinander folgenden Generationen, d.h. ganz praktisch auf dem Verhältnis zwischen dem jeweiligen Vater und dem jeweiligen Sohn.

Es wäre sehr verfehlt dieser Beziehung generelle Eigenschaften zuzuweisen. Unsere Erfahrung lehrt uns, dass es eine breite Skala von möglichen Beziehungen gibt. Innigste Freundschaft zwischen Vater und Sohn ist ebenso möglich wie vollkommene Gleichgültigkeit, ja echte Feindschaft.

Man sieht auf den ersten Blick, dass es sich in diesem Verhältnis um eine Zentralstelle in der menschlichen Sozialisation handelt und bemerkt, nach einiger Überlegung, nach einigen Rundblicken in der Bekanntschaft, dass diesem Verhältnis nur selten diejenige Aufmerksamkeit gewidmet wird, diejenige Pflege zuteil wird, die es verdienen würde.

Wer an einen Fortschritt glaubt, müsste annehmen, dass wir diesem sozialen Gelenk die größte Aufmerksamkeit zuteil werden lassen. Unter gegenwärtigen Verhältnissen, wo in der westlichen Welt fast jede zweite Ehe geschieden wird, bildet die Erziehung der Kinder, und somit auch der Söhne, ein Problem, dessen Lösung einfach dem Leben überlassen wird.

Väter und Söhne können sich also wie Freunde gegenüberstehen, einander helfen und fördern oder aber als mehr oder weniger gleichgültige Bekannte, nebeneinander her leben. In allen Fällen wird die Mutter von entscheidender Bedeutung sein, weil es von ihr abhängt, ob sie zwischen den beiden Männern vermitteln will oder sie beide – oder auch nur einen von ihnen – aus ihrer Obhut entlässt.

Ein besonderer Aspekt ist der der Vererbung, nicht der des materiellen Erbes, sondern der spezifischen, menschlichen Eigenschaften. Die seit fast zwei Jahrhunderten bestehende Vererbungslehre, ebenso wie unsere eigene Erfahrung, beweist uns, dass hervorstechende, bemerkenswerte, auffällige Eigenschaften keiner wirklich überprüfbaren Regel unterliegen.

Wenn Gregor Mendel in den Generationenfolgen seiner Blumen eine systematische Vererbung von Farben und Formen feststellen konnte, so sind, wie ich meine, unsere Gene durchaus nicht so treffsicher, reproduktiv, systematisch, überspringen oft die eine oder andere Generation oder erlöschen in ihrer Wirkung überhaupt. Johann Strauss Vater, der drei musikalische Söhne besaß, ist eher die Ausnahme.

Sehr viel häufiger kommt es vor, dass Vater und Sohn sich im Charakter, im Temperament, auch in der Intellektualität durchaus nicht gleichen. Unsere Gene scheinen von einer so ungeheuren, vielfältigen Kraft zu sein, dass sie in der Lage sind, mütterliches und väterliches Erbgut gemeinsam, gemäß der Überfülle der Natur, in einer unendlichen Anzahl von Variationen hervorzubringen.

Der Sohn kann dem Vater nicht gleich sein, es sei denn – geklont. Da wir das auch in ferner Zukunft nicht zu fürchten brauchen, müssen wir von Haus aus damit rechnen, dass der Sohn eine durchaus veränderte Ausgabe des väterlichen Exemplars sein wird und sein muss. Nun kommt es darauf an, welche Prinzipien, welche Ansichten, welche Umgangsformen sich in einer Familie herausgebildet haben. Es wäre wünschenswert, dass Väter schon bei der Erziehung der Kleinkinder mitwirkten und über den Beobachtungsstatus hinaus die Mutter bei der Erziehung tatkräftig unterstützten.

Die Pubertät bringt eine natürliche Entfremdung mit sich, die, soll sie nicht im Misserfolg und der Katastrophe enden, behutsam geleitet werden sollte. Hier ist es wiederum der Vater, der in seinem Verhältnis zum Sohn, und der Sohn, der in seinem Verhältnis zum Vater gefährdet ist. Gelingt es beiden über die Pubertät und die ersten Mannesjahre ein erträgliches Verhältnis herzustellen, so ist für das zukünftige Leben beider sehr viel gewonnen.

Väter und Söhne, das kann der reine Antagonismus sein. Wer klug ist wird ihn vermeiden.

Alleinerziehende Mütter

Was Jahrhunderte hindurch die Ausnahme war, wird immer mehr zu einer geduldeten, hingenommenen, ja geförderten Realität. Einerseits sind immer mehr Frauen, die von ihrem Ehegatten verlassen wurden, genötigt, Kinder allein aufzuziehen, und andererseits gibt es immer mehr Frauen, die in der Lage sind, sich selbst zu erhalten, und willens sind, ihr Kind allein aufzuziehen und somit auf den Partner, der sie in ihrer Lebenshaltung stören würde, zu verzichten. Wir haben es bei dieser Konstellation mit einer, auch vom Feminismus beeinflussten, neuen sozialen Lebensform zu tun, die sowohl der betroffenen Frau, wie auch der Gesellschaft bedeutende Lasten auferlegt. Immer mehr entziehen sich geschiedene Väter ihrer Verantwortung und überlassen entweder die materielle Absicherung oder auch nur die notwendige Erziehung des Kindes der alleinerziehenden Frau.

Wir haben zwar eine ganze Reihe von Forschungsergebnissen, die das besondere Problem der vaterlosen Gesellschaft im Auge behalten, sind aber noch nicht so weit, dass es ein brauchbares Regelwerk gäbe, das diesen Sonderfall entsprechend behandelt. Die alleinerziehende Frau kann im Erwerbsleben stehen, sie kann sich eventuell Erziehungspersonal oder Kindergärten leisten – das freilich nur bei angemessenem Verdienst. Die schlecht verdienende Frau, und das ist in unserer Gesellschaft noch immer der Fall, wird sich solcher Hilfen entweder gar nicht oder nur zum Teil bedienen können. Die Belastung, die daraus entsteht, dass eine Frau Haushalt, Arbeit zur Deckung des Lebensunterhalts und die Erziehung eines oder mehrerer Kinder zu leisten hat, ist unverhältnismäßig groß und wird von unseren Politikern zwar wahr-, aber immer noch zu wenig ernstgenommen. Man könnte die Frage stellen, wozu Väter überhaupt nütze sind. Soll die Gesellschaft alle Anstrengungen unternehmen, um alleinstehenden Frauen mit Kindern das Leben erträglicher zu gestalten? Soll sie es zulassen, dass die Komponente der väterlichen Erziehung (falls sie jemals wirksam war) allen diesen Kindern weiterhin versagt bleibt? Es ist zweifellos eine Frage der Abwägung, ob der Vater und sein Einfluss notwendig und wirksam ist und ob es nicht genügt, Kinder von Frauen aufziehen zu lassen. Wenn man sich für Letzteres entscheidet, so muss die materielle Absicherung dieser Frauen perfektioniert werden.

Wie schaut unsere Gesellschaft in der Zukunft aus? Kinder ohne Väter, Frauen ohne Ehemänner, Männer ohne Verantwortung für ihre Nachkommen? Ein durch Jahrhunderte erprobtes soziales Gebilde, das der intakten Familie, geht vor unseren Augen in die Brüche. Es hat keinen Sinn, die Frage nach der Schuld zu stellen. Es wird tausenderlei Gründe geben, und es ist Sache der Wissenschaft, diese zu erforschen und zu ergründen. Wir jedoch sollten uns überlegen, wie wir in unserer Bekannt- und Verwandtschaft solchen verstümmelten Partnerschaften Hilfe angedeihen lassen können. Die Erziehung von Kindern beschränkt sich nicht bloß auf deren Versorgung im Hinblick auf ihre körperlichen Bedürfnisse, die seelische und geistige Anleitung für ihr zukünftiges Leben muss von der alleinerziehenden Mutter geleistet werden. Sie wird bei diesem Teil der Erziehung Hilfe von Freunden, vielleicht sogar von Psychotherapeuten und Ärzten benötigen. Nun kann jedermann einwenden, dass alleinerziehende Frauen neue Beziehungen eingehen können (und werden), was das Problem entschärfen oder auch verschärfen kann. Wenn wir auch im Augenblick keinen Rat geben können, so müssen wir uns doch klar darüber sein, dass jede Sozialpolitik dieses Problem als Zentrum ihrer Bemühung sehen muss.

Sind Soldaten Mörder?

Sind Soldaten und Terroristen Mörder? Ein Mörder ist ein Mensch, der vorsätzlich, planmäßig einen anderen gewaltsam tötet. Oder vielmehr: eine private Person, Mann oder Frau. Ein Soldat tötet auf Befehl und im Auftrag seiner Vorgesetzten. Ist er deshalb kein Mörder? Der hl. Augustinus findet keinen Unterschied zwischen einer Räuberbande und einer Armee, der einzige, der ihm auffällt, ist die verschiedene Größe. Tatsächlich ist es ein großes Problem, wie wir ohne Gewalt miteinander auskommen. In der menschlichen Natur scheint die Gewalt angelegt. Was wir tun können, ist durch Erziehung, Belehrung und Selbstzucht diese Gewalt immer mehr aus uns zu entfernen. Man könnte sagen Gewalt ist eine Macht, die aus dir und mir selbst entspringt.

Und daher ist der Krieg, der die ultima ratio sein sollte, sehr oft in unserer Geschichte das erste Mittel gewesen, zu dem man griff, um Streitigkeiten zu beenden, um den Nächsten zu berauben, um ihn zu unterjochen. Menschenrechte und -pflichten haben uns seit jeher die Religionen vor Augen gehalten. Nie die politischen und hoheitsrechtlichen Mächte. Erst seit zwei Jahrhunderten bemüht man sich, eine Kodifizierung der Menschenrechte zu etablieren, man wird aber nicht darum herumkommen, die dazugehörigen Menschenpflichten ebenso zu fixieren. Und dann bleibt ja noch der große Schritt, beide weltweit als verpflichtend anzuerkennen.

Ist der Soldat, ist der Terrorist nun ein Mörder oder ist er keiner? Der Soldat wird durch einen Eid verpflichtet – Gott, Kaiser, Vaterland, dem Führer, dem Präsidenten, dem

Staat aufopferungsvoll bis zu seinem Tode zu dienen. Der Terrorist hat zwar in den meisten Fällen keine Armee hinter sich, vielleicht nicht einmal Offiziere, er fühlt jedoch, dass er im Auftrag seines Gottes, seiner Religion oder seines Landes, das es zu befreien gilt, handelt.

Soldat und Terrorist handeln guten Gewissens. Jeder beruft sich auf eine sie besonders verbindende Pflicht. Nur der Neutrale, Distanzierte, Unbeteiligte begreift nicht, dass ein Soldat oder ein Terrorist solchermaßen handelt. Und überraschenderweise ist auch er im Recht – der Neutrale. Denn es gibt im Menschen, ebenso wie die Gewalt angelegt ist, auch die starke Empfindung, ja das Wissen darum, dass wir uns im Grunde miteinander gewaltlos verständigen können und dies eigentlich auch tun sollten.

Es gibt eine auch in der Geschichte erprobte Reihe von Maßnahmen, die einen gewaltlosen Widerstand ermöglichen: Streik, Hungerstreik und Demonstration. Eine schier unerreichbare Utopie bestünde darin, dass unser Menschengeschlecht kein Militär und keine Terroristen hervorbrächte. Wie viel Jahrzehnte und Jahrhunderte benötigen wir, um uns durch Erziehung jenen atavistischen Hang zur Gewalt abzugewöhnen?

Es gibt allerdings, folgte man den großen Religionen, genug Tendenzen, die ein gewaltfreies Leben ermöglichen würden. Dem der Religion etwas ferner Stehenden empfehle ich Goethes Satz von der dreifachen Ehrfurcht: der Ehrfurcht dem gegenüber, was über uns ist; dem gegenüber, was uns gleich ist und zuletzt der Ehrfurcht dem gegenüber, was unter uns ist.

Kunst: Erbauung oder Provokation

Diese Frage kann sich nur dann stellen, wenn der Besucher eines Konzertsaales, einer Kunstgalerie, eines Theaters oder eines Kinos mit einem Werk konfrontiert wird, dass, ihm zu modern, zu unverständlich, vielleicht auch zu ernsthaft zu sein scheint. Der Gestalter von Kunstwerken sieht sich bei seiner Arbeit von Vorstellungen und Gesetzen beeinflusst, viel mehr noch, er will ihnen entsprechen, da er nur in der bestmöglichen Erfüllung dieser phantasievollen Vorstellungen, da er nur in der Befolgung der künstlerischen Maßstäbe, die er sich setzt, den Zweck und die Vollkommenheit seines Werkes sieht.

Die Kunstkonsumenten jedoch teilen sich in verschiedene Gruppen, die einen wollen unterhalten, die anderen erbaut werden, dritte genießen, wieder andere wollen angeregt werden. Die wenigsten erfreut es, mit Neuartigem konfrontiert zu werden und noch weniger Kunstkenner geben sich mit vollkommen Unbekanntem zufrieden. So gliedert sich sowohl von Seiten des Publikums als auch von Seiten der schaffenden Künstler ein vielfältiges Spektrum heraus. Neuartig und neu sind jedoch alle Künste nur so lange, als sie wenig gesehen, wenig gehört, wenig gelesen werden.

Der Kunstkenner unterscheidet daher zwischen guter, echter, wirklicher Kunst und ihrem Gegenteil. Ob alt oder neu, ob ernst oder unterhaltend, das sind für ihn keine Kriterien.

Seit langem ist es im Kunstbetrieb üblich, dass sowohl Autoren, Regisseure, Theatermacher, Komponisten als auch Maler das Publikum provozieren. Sie rechtfertigen Provokation mit dem Hinweis, dass es ihre Aufgabe sei, die

Kunstkonsumenten aus einer angeblichen Unbeweglichkeit, Ruhe, Unbewusstheit herauszureißen. Sie vermeinen, dass es ihre Aufgabe sei, das Publikum zum Denken, ja zum Überdenken seiner Situation zu veranlassen. Das mag in vielen Fällen notwendig sein. Sehr zweifelhaft wird dieser Vorgang, wenn das bedeutende Erbe, wenn die künstlerische Tradition zur Spielwiese oft sinnloser und überflüssiger Provokation wird.

Von wem lernen wir?

In den 50er Jahren des 20. Jahrhunderts kam der Gedanke auf, dass es nicht genüge, bloß eine Schule zu besuchen und nach Abschluss dieser von dem zu zehren, was einem in ihr beigebracht wurde.

Große Organisationen, wie der Gewerkschaftsbund, fanden es für notwendig, eine so genannte „Lebensschule" zu installieren, die offenbar nicht nur dazu diente, das Organisationswissen den Mitgliedern beizubringen. Heute ist es ein anerkannter Grundsatz, dass wir aus rein ökonomischen Gründen gezwungen sind ein Leben lang zu lernen.

Die Technik produziert ständig neue Objekte, ständig entstehen neue Produktionsverfahren auf Grund wissenschaftlicher Erkenntnisse, die bisherige traditionelle Arbeitswelt löst sich auf. Der „Einzelne" ist nahezu alle zwei Jahre gezwungen, einen neuen Beruf anzustreben oder zumindest neue Fertigkeiten zu erwerben, womit das Problem des Lernens tatsächlich auch permanent gegeben ist.

Wir könnten uns nun fragen, was ist das: Lernen? Wir könnten uns fragen: Von wem lernen wir? Und wir könnten uns fragen: Wie lernen wir am effektivsten?

Als Kinder lernen wir durch Erfahrung und durch die Erziehung, die uns unsere Eltern, die jeweils Erwachsenen angedeihen lassen (oder nicht). Die Mehrzahl aller Bildungs- und Schulungseinrichtungen ist darauf ausgerichtet, uns kognitives Wissen beizubringen; die Erziehung unserer Moral und Ästhetik findet mehr oder weniger beiläufig statt, wenn überhaupt.

Wir lernen also vornehmlich durch Fremdbestimmung. Und wir alle wissen zugleich, dass dies der falsche Weg ist.

Eigentlich sollte gar nichts anderes geschehen, als dass unsere Neugier, unsere berechtigte Neugier geweckt und uns eine gewisse Kompetenz anerzogen würde, diese Neugier selbstständig zu befriedigen, d.h. in Büchern nachzuschlagen, im Internet Google zu benützen und bestimmte erfahrene Personen um ihr Wissen zu befragen. Wir lernen nämlich in den seltensten Fällen freiwillig. Einige Jahre benötigen wir dazu, selbstständig zu lernen. Jeder weiß, dass es das Ziel eines guten Lehrers ist, sich selbst überflüssig zu machen, dem Lernenden die Wege zu weisen, auf denen er nach eigenem Willen und eigenem Können sich jenes Wissen erwirbt, das ihm notwendig erscheint. Pessimisten meinen, dass es strengerer Methoden bedarf, um den jungen Menschen, aber auch den älteren, neues Wissen einzubläuen. Aber natürlich ist das falsch.

Sicher ist, dass wir wie oben bemerkt, die Möglichkeit haben, aus unserer Erfahrung zu lernen, von anderen Menschen, aus Büchern und elektronischen Medien. Es kommt also, wie ich meine, darauf an, in der Handhabung von Büchern und Internet etc. eine Kompetenz zu entwickeln, Wissen aufzuspüren, wozu eine einzige Eigenschaft die Grundbedingung darstellt: die Neugier. Menschen, die nicht neugierig sind, werden in jeder Beziehung schlecht leben, weil sie kaum in der Lage sein dürften, sich die bestmöglichen Lebensumstände vorzustellen und die Mittel anzuwenden, die ihnen ein solches Glück ermöglichen.

Frage ich mich, ob ich mehr von Menschen oder von Büchern gelernt habe, so fällt mir die Antwort nicht leicht. Ich habe eigentlich viele Lehrer gehabt, aber im Grunde nur einige wenige wirklich gute. Ich habe in meinem Leben eine verhältnismäßig große Zahl von Büchern gelesen, leider aber auch viele, die es nicht wert waren. Aber wann ist uns ein Buch wertvoll? Und ich meine nun nicht etwa die bloß literarische Kritik, die Stil, Inhalt eines Buches abwägt und beurteilt. Ein Buch sollte ein guter Freund sein. Auf jeden Fall ist es der bequemste von allen. Ich kann diesen Freund jederzeit in Anspruch nehmen, ich kann ihn jederzeit stehen lassen, ohne auf ein menschliches Verhalten Rücksicht nehmen zu müssen.

Was aber ist der höchste Gewinn, den ich aus einem Buch ziehen kann? Zunächst habe ich die Möglichkeit, die großen, gescheiten, wichtigen Gedanken, die meine Mitmenschen, die Frauen und Männer aus vergangenen Zeiten gedacht und entwickelt haben, aufs Neue nachdenken zu können. Es ist schier unmöglich, die bedeutendsten Menschen der Gegenwart in meiner Wohnung zu versammeln, ich kann sie nicht zu mir bitten, ich kann sie nicht interviewen. Ich kann aus den verschiedensten Gründen nicht mit ihnen von Person zu Person verkehren. Aber alles, was sie geschrieben haben, was von ihnen gedruckt worden ist, das kann ich in mein Bücherregal stellen. Hier erhebt sich nun die Frage, wie viele Bücher kann ein Mensch in seinem Leben lesen? Das wird von einigen hundert bis zu vier- oder fünftausend Büchern der Fall sein. Immerhin ein Freundeskreis, den kaum jemand vorweisen kann.

Wollte man aber das Wissen der Welt, d.h. der Menschheit schätzen, so wie es gedruckt oder elektronisch festgehalten ist, so wird man auf viele Millionen von Büchern und Datenträgern kommen, eine Unsumme von Wissen, das von keinem Einzelnen mehr bewältigt werden kann. Noch vor drei oder vier Jahrhunderten konnte sich der eine oder andere als Polyhistor bezeichnen, weil er mehr oder weniger tatsächlich das Wissen seiner Zeit überblickte. Man muss nicht an den Fortschritt glauben, nicht bloß an eine Vergeistigung der Welt, wie es die Aufklärer im 18. Jahrhundert annahmen, man muss nicht an einen moralischen oder politischen Fortschritt unserer Gesellschaft glauben, aber ganz sicher ist es, dass sich spätestens seit dem 19. Jahrhundert das Wissen um unsere Welt und unsere Umwelt ständig erweitert. Das Wachstum unserer Wirtschaft mag stagnieren oder sogar abnehmen, solange unsere Bildungsinstitute, unsere Forschungsuniversitäten, unsere Wissenschafter jedoch die finanzielle Unterstützung der Wirtschaft oder des Staates haben, so lange wird sich das Wissen der Welt allein schon deshalb vermehren, weil weder dem Eindringen in den Mikro- noch den Makrokosmos und der noch immer höchst geheimnisvollen Verbindung in unseren unüberschaubaren Universen eine Grenze gesetzt werden kann, weil keine Grenzen des Wissens sichtbar sind und zu keiner Zeit in der bisherigen Geschichte der Menschheit eine solche Unmenge, eine so hohe Qualität und Quantität des Wissens vorhanden war und ist.

Die Frage, von wem wir lernen können, muss ganz schlicht beantwortet werden: von allem und jedem.

Terror der Information?

Es ist viel vom Globalismus die Rede. Wer redet davon? In den Medien melden sich sehr viele Experten zu Wort, und die Medien selber sind – das wissen wir seit Mac Luhan – nicht allein mehr Vermittler von Botschaften, sondern die Botschaft selbst. Wenn wir auf irgendeinem Gebiet nicht fähig sind, die äußeren Eindrücke zu verarbeiten, so sind die modernen Medien das Paradebeispiel dafür, dass wir dieser Art von Globalisierung in Wahrheit hilflos gegenüber stehen. Ich behaupte, dass jeder von uns in der Lage ist, die Ereignisse in seiner Familie, seiner unmittelbaren Umwelt, in seiner Regierung und vielleicht auch in seinem Staat halbwegs zu begreifen und richtig einzuordnen. Dafür scheint unser Gehirn als ein Orientierungsorgan durchaus geeignet zu sein.

Aber auch hier haben wir nicht nur alle Hände voll zu tun, müssen nicht nur unsere Gefühle strapazieren, unseren Verstand betätigen und zuletzt auch unsere Vernunft walten lassen (den Einklang von Verstand und Emotion herstellen), ohne dass wir die Gewähr haben, richtig zu denken und uns für das Richtige entschieden zu haben.

Die so genannten modernen Massenmedien überschütten uns mit Fakten, die im wahrsten Sinne des Wortes weit über unseren Horizont hinausgehen, die wir zunächst geographisch, dann ökonomisch und kulturell einordnen müssen, wozu einem sehr großen Teil der Bevölkerung die notwendigen Voraussetzungen nur zum Teil gegeben sind. Wozu also die unübersehbare Fülle von Information? Wir befinden uns in einer Phase der Informationsgesellschaft, die aus dem begreiflichen Eifer total zu informieren entweder nicht willens oder auch unfähig ist, Rücksicht auf das Aufnahmevermögen der Konsumenten zu nehmen. Ein schier unbegreiflicher Furor der umfassenden Information hat die Medienmacher und ihre politischen Nutznießer erfasst. Und zwar haben sie dafür angeblich gute Gründe. Nur der informierte Mensch wäre in der Lage, die notwendigen Entscheidungen zu treffen; dabei wird übersehen, dass die Massenmedien größtenteils Menschen „informieren", die gar keine Entscheidungen zu treffen haben oder sie nur höchst temporär, z. B. bei Wahlen, treffen können.

Das Wort „Informationsgesellschaft" ist eines der üblichen modernen vorschnellen Etikette, die in Wahrheit kaum etwas aussagen. Überlegen wir einen Augenblick, wie Menschen zu Entscheidungen kommen.

Es genügt nämlich nicht eine Information zu erhalten, diese muss kritisch beurteilt werden, d. h. nicht nur auf wahr oder falsch geprüft, sondern als nützlich oder schädlich erkannt werden. Von diesem Erkenntnisvorgang bis zur wirksamen Tathandlung ist es ein sehr weiter Weg, der schon angesichts der Fülle und der Globalität der Nachrichten sehr oft ins Leere verläuft.

Weiters trägt die Globalisierung der Informationswelt dazu bei, die seelische Hygiene, etwa das Bewusstsein von Gut und Böse, die Anwendung von moralischen Prinzipien immer weniger stringent zu beachten. Die Überfülle der Katastrophen, die uns täglich ins Haus geliefert werden, hat schon mehrfach ungewollte politische und gesellschaftliche Veränderungen herbeigeführt – so die Folgen nach dem Vietnamkrieg in den USA – und zu einer, wenn ich das so sagen darf, generellen Verdüsterung des Weltbildes der einzelnen Konsumenten geführt.

Das Bild, das uns die Medien liefern, ist ein permanent katastrophales. So nimmt es nicht wunder, dass auch die regulären politischen Vorgänge innerhalb unserer Staatengesellschaften systematisch pejorativ beurteilt werden, weil man es für gut hält, kritisch zu agieren. Für jeden Journalisten ist es ein höchst bekannter Umstand, dass die Meldung „Hund beißt Bischof" uninteressant, „Bischof beißt Hund" jedoch mitteilenswert erscheint. Das Abnorme ist nun schon seit „ewigen Zeiten" der Gegenstand, der mitgeteilt werden muss. Warum? Wahrscheinlich ist das Schädliche, Katastrophale, Lebensbedrohende seit jeher die wichtigste Nachricht gewesen, die es uns ermöglicht uns „vorzusehen".

Angesichts der Globalisierung der Information sind wir also schon seit geraumer Zeit nicht mehr in der Lage, diese Informationsflut zu verwerten. Was wiederum zur Folge hat, dass sie von Seiten der Werbeträger und Journalisten weiter verstärkt eingesetzt wird. Wir befinden uns also in einer Spirale, die ihr Ende in der Übersättigung des Empfängers findet. Es wäre an der Zeit, sich über neue Methoden der Informationsübermittlung Gedanken zu machen.

Ich habe in den 60er Jahren als Regierungsvertreter bei einer UNESCO-Konferenz in Paris, zusammen mit 30 anderen Vertretern der freien Welt, für den „free flow of information" gestimmt, wobei wir jedoch 80 Gegenstimmen einer von der damaligen Sowjetunion beeinflussten Staatenwelt hinnehmen mussten, d. h. dieser von mir eben beschriebene übertriebene Globalismus ist einer der wichtigsten Bausteine demokratischer Gesellschaften. Man könnte argumentieren: beschränkt man die Information, vernichtet man die Möglichkeiten der Demokratie. Sind wir also genötigt, uns diesem ständigen Krankheitsbild, das uns die Medien liefern, bedingungslos auszusetzen?

Wer wird in Zukunft Briefe schreiben?

Das Lesen von Büchern ist durch nichts zu ersetzen. Wir können in unserem Leben nie so viele gute Freunde haben, wie wir gute Bücher erwerben und lesen können. Diese Bücher sind an ein Lesepublikum adressiert, also an viele Menschen, die die großen und guten Gedanken bedeutender Frauen und Männer nachdenken und nachvollziehen können.

Ein Brief aber, den mir ein Freund, eine Geliebte, eine mir wertvolle Persönlichkeit schreibt, ist nur an mich gerichtet, berichtet mir privates und geht auf meine Situation ein. Und ebenso richte ich meinen Brief ganz direkt an einen Adressaten. Zur Zeit hat es sich weitgehend vor allem unter jungen Menschen eingebürgert, dass man einander SMS schreibt, die den Vorteil besitzen, kürzeste Botschaften prägnant auszudrücken, unsere Sprache jedoch auf ein Minimum schmelzen lassen. Im E-Mail, das schon eher den Charakter eines Dialogs annimmt, schreiben wir Briefe, die unmittelbar beantwortet werden können. Es entsteht daher ein zwischenmenschlicher Briefverkehr, bei dem wir nicht tagelang auf eine Antwort warten müssen. Im E-Mail könnte man die Kunst des Briefeschreibens, und es gibt eine solche, die vor allem im 18. und 19. Jahrhundert gepflegt worden ist, wieder aufleben lassen. Wir alle sind es ja gewohnt, verbal zu kommunizieren mit Telefon und Handy, und abgesehen davon, dass diese Mittel uns zu dem verleiten, was wir abfällig als Tratsch bezeichnen, der unweigerlich dann hinzukommt, wenn die wichtige Information erfolgt ist, bietet die verbale Kommunikation kaum Zeit und Muse, einen Gedanken oder ein Gefühl diffiziler auszudrücken. Der Schreibende jedoch, der nicht unter dem Druck der Telefongebühr oder der Ungeduld seines Sprechpartners ausgesetzt ist, kann und wird die Sprache dazu benützen, nicht nur Fakten zu übermitteln, sondern seine ganze Persönlichkeit, wenn ich sagen darf sowohl seine Existenz als auch seine Essenz, wird in einem Brief sichtbar. Daher sind die großen Briefsammlungen zwischen interessanten Menschen immer eine Quelle der Freude, des Mitgefühls, der Belehrung und auch der Schönheit.

Zu bedeutsamen Ereignissen im Leben erwartet man von uns Briefe, weniger bei Hochzeiten als bei Todesfällen. Der Mitfühlende schreibt kranken Menschen, er schreibt Freunden, die sich in einer schwierigen Lage befinden. Das Schreiben hat natürlich den Vorteil, dass ein Brief aufgehoben werden kann – über Jahre und Jahrzehnte –, und dass sowohl der Schreiber als auch der Adressat, falls sie wieder in die Lage kommen, Briefe zu lesen, die sie vor langer Zeit geschrieben oder erhalten haben, oft mit Erstaunen, oft mit Genugtuung feststellen können, wer sie zu jener Zeit gewesen sind, was sie gedacht haben und was ihre Hoffnungen und Visionen gewesen sein mögen.

Das Schreiben von Briefen ist eine besondere Ausformung unserer Kultur. Wer schöne Briefe schreiben kann – wobei schön ersetzt werden kann durch gescheit, tiefsinnig, herzlich, innig –, wer in seinen Briefen seine Liebe, seine Freundschaft oder auch seinen Kummer und seine Sorgen festgehalten hat, hat auf diese Weise seine eigene Person dokumentiert und aus dem Fluss der Zeit, aus der Namenlosigkeit der Ereignisse herausgehoben.

Wir sollten hie und da, vielleicht auch in durchaus vermehrter Art und Weise, wieder Briefe schreiben, Briefe die sowohl dem Schreiber wie auch demjenigen, der sie empfängt, wertvoll sind und ihn erfreuen.

Nochmals: Über die Liebe

Nur zaghaft wage ich es, ein Mann in fortgeschrittenem Alter, nahe dem Ende meiner Lebenszeit, über die Liebe zu sprechen. Wird es denn nicht einen großen Traum beschwören? Und wird dieser Traum nicht wieder scheitern an einer ermüdenden Realität? An mehrfachen Realitäten, nicht zuletzt an mir selbst: an einem Unvermögen wirklich zu lieben, grenzenlos, bedingungslos. Denn diese Grenzenlosigkeit ist Ziel jeder wahren Liebe. Ich weiß, dass wer über die Liebe spricht, von sich selber redet, er von sich ausgeht, als wäre er der Quell der Liebe – verhängnisvoller Irrtum! Denn Liebe ist auch Gnade, ist Geschenk, wundersame Gabe des alten, vergessenen Gottes Eros, des größten der Götter, des ersten, der aus dem Chaos der Weltschöpfung auftaucht.

Liebe ist, was zugleich in mir ist und zugleich außerhalb, das ich hineinwerfe, erstrecke, ausdehne in den anderen, ihn so umfasse. Die Geliebte, die ich erfülle, wenn sie es will, die bereit sein muss mich zu wollen. Diese Inbesitznahme ist nicht allein körperlich, nein, sie, die Geliebte, ist ja bereit mich zu verstehen, wie ich sie verstehen will, erleben will, erfahren will. Der Sexualakt ist somit kein Kraftakt, keine Überwältigung, er ist die ungeheure, innige, reine Selbstentblößung, die totale Hingabe, die Auflösung des umschränkten, begrenzten Ich – die erste Stufe zu jener Harmonie mit der Natur und dem Weltganzen, das uns anders nicht fühlbar wird, nicht mit allen Sinnen vorstellbar ist, kaum je anders erreichbar sein wird. Triumph der Liebe, er ist der Triumph des Kosmos, des schon geordneten Weltganzen, das erst durch die Liebe vollendet ist, sich in sich vollendet.

Haben wir sie nicht leidig im Ohr, die große Zahl von Fakten, die uns Naturwissenschafter, Biologen, Mediziner unterbreiten, die von Hormonen sprechen, von Wirkstoffen, die unser Gefühlsleben beeinflussen, ja steuern? Bietet nicht die so farbenprächtig vergleichende Verhaltensforschung, die Tier- und Menschenreich unter die Lupe nimmt, uns ein stringentes Bild höchst naturhaft zwingender Form des Trieblebens an, das dem Überleben der Gattung bewusstlos dient, schier zwanghaft, das uns die erschreckende Fessel der Natur aufzeigt, die sie uns anlegt. Bahnen schaffend, denen nicht zu entkommen ist, alles zu dem einen Ziele, die überquellende Fülle des Lebens zu steigern, ins Ewige zu perpetuieren. So steht mit ungeheurer Wucht im ersten Drittel des Menschenlebens die Geschlechtsliebe im Vordergrund, alles dient ihr, ist ihr untertan, und die so mannigfaltigen Bemühungen der jungen Menschen, sich zu entwickeln, zu positionieren, haben als kaum verborgene, kaum geheime Triebfeder die sexuellen Bedürfnisse. Sie sind der wahre Motor der Menschen- und Tiernatur, sie sind dynamisch und aktiv in ihren Reichen, oft blindwütig, irrsinnig, toll. Und Sexus hat sie alle auch hervor gebracht, die Dämonen der Gier, des Herrschenwollens, der Übermacht, der Vergewaltigung, des Triumphes der Leiblichkeit. Eifersucht, Hass, Neid und Gewalt sind unselige Begleiter eines immer noch tierischen Sexus, der nichts anderes kennt als Befriedigung kitzelnder Lust. Animalisch, bestialisch, tierisch nennt es der über sich selbst erschreckende, erschrockene Mensch. Auch hierin diffamierend die minderen Brüder des Lebendigen, die zu verstehen ihm längst abhanden gekommen ist. Freilich, ein Wegweiser wäre jede Pflanze und jeder Baum, die Blume im Feld und das Röhricht im Teich. Duldend, statisch, passiv, aufwachsend und wartend – so das Wunderreich der Pflanzen, das vertrauensvoll seine Samen darbietet, der

Befruchtung entgegen harrt, den Vögeln und Bienen, den Käfern, dem Wind und dem Zufall ausgesetzt. Jene Pflanzenwelt, deren Liebe die prachtvollsten Geschlechtsorgane als Blumen und Blüten kennt, in tausenderlei bezaubernden Farben und Formen – von schlichter Einfachheit bis hin zu den fantastischsten Gebilden. Sie alle aber: wartend, vertrauend, sicher in sich. Und es ist ein gar nicht so abwegiger Gedanke, sich die gewaltigen Bewegungen im geologischen Bereich, in den Erdauffaltungen und Kontinentalverschiebungen, im Vulkanismus und den Klimakatastrophen, den Taifunen, Hurrikans und Tornados als eine Art von noch unbelebten protagonistischen Bewegungen einer unreifen hilflosen Pansexualität vorzustellen. Vielleicht sind sie Vorübungen, Vorhandlungen jener tierischen und menschlichen und endlich göttlichen Regungen und Bewegungen, wie sie Eros und Sexus, Amor und Psyche, endlich Faust und Helena vollziehen werden, auf einer Stufe, wo der Sexus vergeistigt und Geist erotisiert ist. Und das im ersten vollen Bewusstsein eines vollendeten Menschengeschlechtes, das sowohl Rationales als auch Irrationales reflektiert hat und nun auch schöpferisch neu gestaltet.

Glut von der Glut der Leiber der Frauen und Männer, Geist vom Geiste der Frauen und der Männer, Vereinigung in Leben und in der Kunst, wie in jener unübertroffenen Periode griechischer Kultur, die Schönheit und Geist erlebt und reflektiert, die Reflektion aufs Neue genießt und verwirklicht hat. Da erörtert Platon oder doch der platonisch empfundene Sokrates die Liebe in dem berühmten Symposion, dessen Einsichten wohl nie mehr eingeholt werden können. Der eine Eros, der älteste der Götter, wird erkannt als der Liebe Verursacher und zugleich als ihr Ziel. In der nächsten freien, schönen, großen Epoche unseres sonst leider so mörderischen Geschlechtes, in der Renaissance, malen die Künstler bereits den tragischen Zwiespalt der europäischen Seele. Sie malen zwar die herrlichsten Frauenbilder, aber nicht eins ist ihre Liebe und ihr Traum. Schizophren ist die Liebe entzweit: die eine genannt „himmlische Liebe", die andere „irdische Liebe". So schuf Tizian die herrlichen Frauengestalten am Brunnen des Lebens, diese Verdoppelung, die in Wahrheit leider eine Entzweiung ist. Sie ist nicht die Folge eines einsamen Entschlusses eines kreativen Künstlers in seinem Atelier, das ist keine bloße Willkür in einer freien Motivwahl, das ist erschreckenderweise das Ergebnis einer mühsamen, verqueren Epoche der Menschheit, Ergebnis der bedrückend falschen Auslegung der Liebensbotschaft Jesu, Ergebnis der menschenfeindlichen Diktatur der römischen Kirche und ihrer Priesterbürokratie, deren Ziel es war, Macht über die Seelen zu gewinnen, das Diesseits hier als sündhaft zu verteufeln, Liebe im Jenseits zu versprechen. Den Menschen ihr Leben zu stehlen, ihr freudiges, genussreiches, erfülltes, Geist, Seele und Körper vereinigendes – zu missgönnen. Die Verteufelung der irdischen Liebe ist, da die göttliche abgespalten war, zerstörerisch, zerstörte die Seele des Abendlandes. Diese Schizophrenie der Liebe, diese Aufteilung in eine himmlische und irdische, ist so jedoch für uns zu einer Station geworden, die überwunden werden muss, auf der Stufenfolge dessen, was man die Geschichte der Liebe in Europa nennen könnte. Das Ziel der Entwicklung der Liebe kann aber nur, muss, ja muss die Vereinigung von himmlischer und irdischer Liebe sein, denn die himmlische ist irdisch und die irdische himmlisch.

Man hat, wie Freud, von einer Sublimierung des Sexus gesprochen und sich davon die prachtvollsten Ergebnisse erwartet. Die geistigen Fähigkeiten des Menschen, seine Intellektualität, seine Kunstwerke, seine Meisterschaft über das Leben werden kühn aus eben jener Sublimierung des Sexus abgeleitet. Das aber ist nichts weiter als eine Fortsetzung des monastisch-menschenfeindlichen Denkens des dunklen Mittelalters. Das ist weiters eine bloße Idee, keine Erfahrung. So meine ich: die große ungeteilte, nicht schizophrene Liebe, die Geist und Geschlecht in eins vereint, sie ist die große Schöpferin aller wahrhaft harmonischen Tage des Menschengeschlechtes oder könnte es sein.

Der tiefe Riss, der durch die Seelen der Abendländer geht, der ihre Wissenschaft und Technik vom Leben trennt, der uns alle immer wieder der Gewalt, dem Terror und dem Krieg ausliefert, er ist die Folge jener Trennung irdischer Liebe von einer verzweifelt imaginierten himmlischen. Da die Himmel sich uns entzogen haben, Gott im Verborgenen west, sind wir allein gelassen mit unserem halbierten Sexus, der aus schlechter Tradition pejorativ betrachtet wird, oder eben noch so gesehen wurde, dadurch nivellierte sich unser Leben. Denn: verehren wir Eros nicht, stürzen wir ins Gefühllose, Lieblose, Berechnende, Habsüchtige, ins Gemeine – und gebärdete es sich noch so vornehm und zivilisiert. Sicher, der ursprüngliche Sexus ist ein Gigant, er ist eine Urgewalt, unzähmbar und unaufhaltsam, aber er trägt seinen Lohn in sich, erzeugt seine Freude, seine Lust und genießt sie.

Im Geschlechtsakt genießt der Mensch also sich selbst und seinen Partner, seinen Körper und den seines Partners, des oder der Geliebten, aber – wenn Freiheit hinzutritt genießt er seinen Geist und den seines Geliebten, genießt jene himmlische Qualität, die ihn über alles andere Leben emporhebt, über Katze und Hund, über Rebhuhn und Adler, über den archaischen Stier und die hitzige Stute. Er wird es wieder lernen, der Mensch, dass er eine Einheit ist aus Geist und Sexus, aus Eros und Psyche. Er und Sie bringen sich zur Gänze ein, lassen sich zur Gänze in jene Unendlichkeit fallen, in der ihre Partikularität aufgehoben ist, ihre Individualität unwichtig und belanglos wird. Sie und Er jedoch erbauen sich ein Neues, ein nie da gewesenes Domizil, sie verschwistern sich im All.

Sexualität in ihrer höchsten Form ist grenzenlos, nicht somatisch-biologisch, sondern geistig. Im Orgasmus vereinen sich die intellektuellen und die biologischen Kräfte des liebenden Paares eben in dieser ihrer Selbstaufgabe, in ihrem Ausströmen, ihrer totalen Hingabe – in der Entgrenzung.

Es gibt sehr viele Menschen, die die Liebe nicht kennen, die Gefühle als lästig empfinden, die Gefühle in sich unterbinden. Gefühlsarme – sie gleichen Maschinen, die Ratio, der Geist ist ihre letzte Zuflucht. Es ist ein karger Geist und eine Täuschung. Auch wahrer Geist entsteht nur aus Liebe, Eros ist der Vater des Geistes wie die Mutter der Liebe. Ohne Zuneigung, Zuwendung, ohne Verständnis und Emphase gibt es keine Erkenntnis, weder in der Natur noch am Menschen, ihrem bisher besten Produkt. Es liegt an uns, zu lieben. Zu lieben in der größtmöglichen Form, indem wir Eros und Sexus, Geist und Psyche in den Dienst Amors stellen, und damit ein Weltgesetz erfüllen. Nicht, wie manch Verblendete meinen, unser singuläres Spiel treiben. Wer sich von der Liebe abtrennt, trennt sich von der Welt. Da ihm dieses einzige wertvolle Band fehlt, stürzt er oder sie sich in Ersatzhandlungen: Prestige, Besitz, Ruhm oder gleitet gar ab in Selbstsucht und deren böse Folgen.

Freilich ist Liebe auch eine Gnade, für den, der liebt, und den, der geliebt wird. Frau oder Mann, als geliebt gehören sie einem neu geschaffenen Geschlecht an! Und so gehe es fort und fort durch die Zeiten.

Einige Bemerkungen über die Ehe

Nicht jede Ehe geht zu Bruch durch Ehebruch, infolge unüberwindlicher Abneigung, aus Laune oder aus irgendwelchen anderen hundertfältigen Gründen.

In grauer Vorzeit, vermutlich der Polygamie überdrüssig, wird die Einehe durch Magie, Brauchtum, Religiosität gefestigt. Der Gedanke kommt auf, dass eine Ehe ein Leben lang dauern müsse. In der Großfamilie hat das seinen guten Sinn, weil dadurch sowohl die Erziehung der Kinder als auch die Versorgung alter Partner gewährleistet ist.

Aus welchen Gründen geht heute jede zweite oder dritte Ehe zu Bruch? Wir alle kennen die Argumente. Die Frauen sind endlich selbstständig geworden, haben einen eigenen Beruf, sind von den Männern unabhängig, leben länger und sind – warum nicht – des Partners überdrüssig.

Das gleiche gilt natürlich auch für die Männer, und kaum hast du es gesehen, leben wir wieder in einer mehr oder weniger chaotischen Gesellschaft, die sich natürlich aller bisher erreichten Formen der Ehe in traditioneller Weise bedient, sie aber nur zum Teil wirklich ernst nimmt.

Da stürzt sich ein junger Mann, das Elternhaus fliehend, in die Arme seiner Geliebten und glaubt schon eine Ehe gründen zu müssen. Ein Mädchen zerstreitet sich mit seiner Mutter und landet im Hafen der Ehe. Ein gebrechlicher Greis heiratet eine junge Frau. Es gibt tausend Gründe zu heiraten, steuerliche Vorteile, Statusoptionen, aber auch Liebestollheit, Leichtsinn, Neugier. Die Liste könnte endlos fortgesetzt werden.

Und doch ist die Ehe ein Kunstwerk, das von zwei Künstlern gemeinsam geschaffen werden muss. Es genügt nicht bloße Sympathie, es reicht nicht aus, dass die so genannte „Chemie" stimmt, es ist schon von Vorteil, wenn die begründete Aussicht besteht, dass sich beide Partner „ein Leben lang" gut unterhalten werden, weil ihre ästhetischen Ansichten, ihre Urteile, ihr Geschmack übereinstimmen oder der gegenseitigen Korrektur bedürfen.

Man übersieht zumeist, dass es, um eine Ehe zu schließen, ein unabdingbares Urvertrauen braucht, eine Gewissheit im anderen Zuhause zu sein, die Basis für das, was insgeheim jedermann in einer Ehe sucht: die Liebe. Zumindest braucht es emotional intelligence.

Wie aber sieht nun dieses Kunstwerk Ehe aus?

Darüber können nur beide Partner Auskunft geben. Es besteht nicht nur darin, gemeinsam zu leben, bei Tag und bei Nacht, es besteht nicht nur darin Kinder zu zeugen und zu gebären und nicht nur allein in ihrer Aufzucht, ihrer Bildung und Ausbildung.

In einer guten Ehe – so stell ich mir das vor – entsteht zwischen den Partnern auch eine seelische und geistige Gemeinschaft, zu deren Vervollkommnung beide beitragen müssen. Beide sind jeweils ein Kosmos, der aus Seele, Geist und Leib besteht. Beide sind jedoch in der Lage, etwas ganz Neues zu schaffen. Schon zu zweit sind sie eine feste Burg innerhalb ihrer Gesellschaft, mit ihren Kindern ein beredtes Zeugnis einer fruchtbaren Entwicklung, deren Bedeutung nicht allein in sich selbst beruht, weil ihre Strahlkraft der Gesellschaft als ganzer unweigerlich zugute kommt.

Es mag altmodisch erscheinen, die Ehe zu loben, und dieses Idealbild mag in der Wirklichkeit des gelebten Lebens nur schwer zu realisieren sein. Aber es muss doch etwas an dieser Ehe sein, die nun seit Jahrtausenden immer wieder eingegangen und versucht wird.

Kein Ehebruch, keine Enttäuschung durch den Partner, keine Art von Überdruss hält die Menschen davon ab, es immer wieder mit der Ehe zu versuchen. Natürlich gibt es auch Vorschläge, wie Ehe auf Zeit oder offene Ehe und dergleichen Unsinn. In der Realität funktionieren diese modischen Überlegungen nicht.

Aber gibt es das Ideal der Ehe als Kunstwerk?

Der eigene und der fremde Tod

Vom eigenen Tod wissen wir gar nichts. Wann immer der Begriff, das Wort und das Bild des Todes in uns auftaucht, ist es ein fremder Tod, der eines Verwandten, Bekannten oder Unbekannten. Der Tod, der uns über die Medien vermittelt wird, der Tod, der uns anhand von Bildern und Zahlen täglich ins Haus steht. Wir erhalten ein sehr umfangreiches Material über ständig stattfindende Todesfälle, und kein Mensch sagt uns erstens was diese Nachrichten in unserem Bewusstsein anrichten, d.h. wie unser Bewusstsein diese Todesnachrichten verarbeitet, und zweitens welche Gegenmaßnahmen wir gegen diese wenig erfreulichen Mitteilungen, die uns ständig an die Begrenztheit unseres eigenen Lebens erinnern, ergreifen könnten.

Wenn es sich nicht um Todesfälle im engsten Umkreis handelt, so gelingt es uns offenbar, diese bedrohlichen Nachrichten zu verdrängen, wobei sich ironischerweise die Frage erhebt wohin. Nehmen wir an – in den Schatz unserer Erfahrung. Um die zweite Aufgabe zu bewältigen, gibt es seit einigen Jahrtausenden die Religionen. Die Geburt eines Menschenkindes ist ein Wunder, das von der Muttergöttin behütet werden musste. Der Tod, das Begräbnis, das Grab sind Ereignisse, die durch einen jeweils verschiedenen religiösen Kult in ihrer psychologischen Wirkung gemindert werden sollen. So sind die frühen Gräber sehr bald zu Altären geworden. Die Muttergottheit und der Ahnenkult, beides die wichtigsten Wurzeln unserer Religionen, gipfeln im Christentum im Opfertod und der Auferstehung Jesu. In einer Gesellschaft, die sich von überkommenen religiösen Gebräuchen mehr entfernt als von ihrem wirklichen religiösen Bedürfnis, werden solche traditionsmäßig überlieferten Kulte immer weniger angenommen bzw. ohne ihren religiösen Hintergrund erlebt.

Der fremde Tod bleibt mir immer fremd, falls ich ihn nicht bewusst mit meinem eigenen Sterben in Verbindung bringe.

Gottesvorstellungen

Wenn die Sache nicht so ernsthaft wäre, oder von den Menschen als so ernst betrachtet würde – alles was mit Gott zusammenhängt –, so wäre es eigentlich recht hübsch, eine Geschichte Gottes zu schreiben. Man müsste sehr früh anfangen, schon die Protohominiden haben sich sicher vor irgendetwas gefürchtet, und sich ebenso sicher über irgendetwas anderes gefreut. Das Optimum an Furcht kann sehr bald dann als Dämon, Gespenst, als unheimlicher Feind auftreten, das jeweilige Optimum an Freude als Geschenk eines guten Geistes, eines angenehmen Tieres, einer seltenen Pflanze aufgefasst werden.

Wenn dieses Böse und Gute jedoch nicht mit einem sichtbaren oder greifbaren Objekt zu verbinden ist, so wird man zumindest einen Namen dafür erfinden. Diesem Namen wird man sehr bald eine Gestalt, einen Lebenslauf, irgendeine natürlich fantastische Existenz zuschreiben. Die Welt im Ganzen ist uns bis heute unverständlich oder besser gesagt undurchschaubar und unbegreiflich, trotz aller Wissenschaften. Sie ist nämlich in Wahrheit ein Wunder, in dem wir mittendrin leben.

Da unser Gehirn jedoch so strukturiert ist, dass wir uns nichts vorstellen können, das nicht irgendeinen bestimmten Grund und Urgrund hat, und da wir uns jede Handlung am liebsten so vorstellen, dass sie einen Zweck erreicht, und wir Handlungen bevorzugen, die tatsächlich erfolgreich sind, so wird man sehr bald versuchen, diese wunderliche Welt, in der wir leben, als Gesamtes erklären zu wollen. Wir schaffen also eine Kosmogonie. Und da wir für alles Erschaffene, also auch für die Welt, uns einen

Ursprung denken müssen, suchen wir den Urheber, den Schöpfer dieser so erfreulichen und so erschreckenden Welt.

Die Bewohner des fruchtbaren Halbmondes zwischen Euphrat, Tigris und dem Mittelmeer, ebenso die Menschen des Niltals schufen sich Verantwortliche für diese Schöpfungsprozesse. Zunächst eine Reihe von Tiergöttern, dann sahen sie, wie zur Zeit Echnatons, die Sonne als Gott an, und dann kam noch dazu, sich einen einzigen Gott vorzustellen, mit dem z. B. die Juden einen besonderen Vertrag abschlossen, weil sie ihn für sich allein beanspruchten, ihm aber zugleich keine Gestalt und keinen Namen verliehen. So gab es in der Antike bereits die Vorstellung eines einzigen Gottes, in der griechisch-römischen Zeit den äußerst praktischen Polytheismus – insofern praktisch, als man für jedes humane Bedürfnis, für jeden Wunsch und jede Situation sich eigenen Gottheiten zuwenden konnte.

Ein Jahrtausend lang gab es also die Praxis des Polytheismus und die Sonderstellung des alleinigen Gottes im Monotheismus. Sobald sich das Christentum mit Hilfe des römischen Staates im Mittelmeerraum durchgesetzt hatte, stand man vor einem ziemlich verzwickten Problem: alle heidnischen römischen Kaiser wurden nach ihrem Tod zu Gottheiten. Der Wanderprediger aus Galiläa, Jesus, der sich selbst als Menschensohn bezeichnet, der von Paulus zum Sohn Gottes erhoben wurde, bedurfte einer engeren und näheren Beziehung zur heidnischen Umwelt, zum ganzen Mittelmeerraum. Und um dort Fuß fassen zu können, fanden die Kirchenväter den Ausweg, das oberste Prinzip aller griechischen Philosophien, den Logos in die Dualität Gottvater – Gottsohn einzubauen. Das Wort Logos wird oft mit Vernunft, Geist, Tatkraft übersetzt und bedeutet, wenn wir es recht verstehen, eine kreative, schöpferische Kraft, die, wie die Griechen meinten, im Weltall wirkend sei. Auch wir hoffen ja, dass die Vernunft über die Zeiten hinaus mehr Einfluss hat, als die ebenfalls vorhandenen chaotischen Kräfte.

Um aber zur Geschichte Gottes zurückzukehren, dieser Logos konnte als Heiliger Geist die dritte Person, die schöpferische Verbindung zwischen Vater und Sohn darstellen. Und so wurde aus dem jüdischen Monotheismus des namenlosen Gottes, den man mit dem Decknamen Jehova umschrieb, im christlichen Bereich die Trinität. Sie wurde auf einem Konzil ehrwürdiger Kirchenväter mit großer Mehrheit als existierend votiert, anerkannt und beschlossen.

Nun erlebt diese Gottesvorstellung auch innerhalb des Christentums, trotz aller Dogmen und Fixierungen, doch auch einige Wandlungen. Moderne Theologen sprechen von „deus ab sconditus", dem verborgenen Gott, dem unsichtbaren Gott. Abgesehen davon, dass es neben der jüdischen und christlichen Vorstellung eines Gottes auch die Mohammeds gibt, beunruhigt die Tatsache, dass es nach menschlicher Vorstellung einen Urschöpfer geben muss, auch diejenigen, die sich mit den althergebrachten traditionellen Religionen und Konfessionen nicht zufrieden geben können. Wenn unsere Naturwissenschafter feststellen, dass unser Universum 14,3 Milliarden Jahre alt ist, aus dem Nichts durch einen Urknall entstanden sei, so fragt ein spöttischer Physiker: „Wer knallte da?".

Das heißt, dass wir in allen unseren Denkvorstellungen durch die Art, wie unser Gehirn konstruiert ist, uns immer und jederzeit einen Ursprung vorstellen müssen. Da war es doch sinnvoll, dass sich in allen bisherigen historischen Zeiten die Menschen diesen Urheber als Schöpfer, als den ganz Anderen, als Gott vorstellten. Auch im Polytheismus gibt es Weltschöpfungslehren und Rechtfertigungen Gottes.

Und hier sind wir an einem der schwierigsten Punkte der Religionsgeschichte angelangt. Die Theologen und die Priester aller Religionen neigen sehr dazu, sofern sie sich dem Monotheismus verschrieben haben, diesem einen Gott Allmacht, Allgüte, Allbarmherzigkeit, Alliebe zuzuschreiben – ihn praktisch sozusagen für alle positiven Seiten unserer Welt verantwortlich zu machen. Tod, Krankheit, die kurze Lebensdauer, ist gleich Sünde, Katastrophen, Sturmfluten, Vulkanausbrüche, das Böse überhaupt – gehört es nun diesem alleinigen Gott an, ist das ebenfalls sein Werk, seine Tätigkeit oder gibt es einen mächtigen Widerpart – wie immer er nun heißen mag. Oder sind nur wir Menschen für die negativen Seiten dieser Welt verantwortlich, ja sind wir vielleicht sogar ihre Urheber?

Alles beschönigende Reden der Theologen kann nicht darüber hinweg täuschen, dass es diesen positiven Gott im Grunde gar nicht geben kann. Die Grundvorstellungen unserer großen Religionen sind einfach unlogisch, widersprechen unserer Erfahrung und sind in einem verhältnismäßig primitiven Gedankengebäude eingehaust. Tatsache jedoch bleibt, dass wir diesem im Grunde jedoch großartigen Gedankengebäude nichts entgegen setzen können, was der Majorität einleuchtend erschiene.

Wir müssen in unseren Vorstellungen weiterhin an einigen grundlegenden Fakten festhalten: am Chaos, an Weltgesetzen, zumindest an den vier Grundkräften in unseren Universen, an dem Modell einer möglichen, aber nicht erreichbaren Harmonie, an den Modellen von labilen Zuständen und am Entstehen und Vergehen sowohl der so genannten materiellen Welt als auch der biologisch-organischen. Es bleibt also dem Geschmack des Einzelnen überlassen, ob er sich den alten Büchern, der Bibel und dem Koran, oder den Kosmogonien – der modernen Naturwissenschaft – zuneigt.

Für die großen Religionen spricht eines: zur Ausgestaltung unserer Gottesvorstellung tragen mehrere Jahrtausende hindurch Maler, Bildhauer, Musiker, Dichter, Künstler jeder Art bei. Die Grandezza, das Großartige unserer Kultur entstand im Zusammenhang mit diesen Gottesvorstellungen, und Abertausende von Kunstfertigen haben diese Vorstellungen so prachtvoll und überzeugend ausgeformt, dass wir sehr arm sein würden, müssten wir uns auf die überlieferten Texte der Buchreligionen allein berufen. Unsere Kultur entstand in engstem Zusammenhang mit unseren Religionen. Lange Zeit war Kunst nur dazu da, um die Macht der Priester und der Herrscher zu illustrieren. Die Gottesvorstellung im Dienste der mächtigen Krieger- und Priesterkaste.

Heute wissen wir, dass Gott der oder das ganz Andere sein muss.

Die grossen Männer

Die großen Männer sind offenbar zunächst ein Idol, dann eine Täuschung, zuletzt eine Enttäuschung. Es ist die Frage, wie es dazu kam, dass einer sich zur von allen anerkannten Größe aufgeschwungen hat.

Die geschichtliche Erfahrung lehrt uns, dass dies vor allem den Kriegshelden, d.h. den Heerführern, Königen, Räuberhauptleuten gelungen sein muss. Der starke Mann ist der, der nicht nur von den Frauen bewundert wird, er ist auch der, dem die schwächeren Männer zumindest zeitweilig gehorchen, ihm nachfolgen und ihn durch ihre Untertänigkeit bzw. ihre Bewunderung zu dem machen, was er von Haus aus sein will. Sobald sich das Prinzip des Herrschers, des Anführers, des Königs in einer Gesellschaft durchgesetzt hat, entsteht aber sogleich das Problem, wer dem großen Mann folgen soll. Er will natürlich den Besitz der Macht in seiner Familie vererben, da er bereits mächtig und groß ist – gelingt ihm dies. Die bedeutende Schwierigkeit entsteht dann, wenn der Nachfolger nicht sein Format besitzt und er daher nicht als ebenso „groß“ erscheint. Dann fragt man sich natürlich: Was ist ein großer Mann?

Ist es allein seine Kraft, seine körperliche Ausstattung, ist es seine Intelligenz, ist es sein Vermögen, die Menschen zu beurteilen und sie zu beherrschen. Bemerkenswerterweise werden zumeist Staatsmänner, Politiker als groß bezeichnet. Erst nach und nach bürgerte es sich auch ein, dass man Personen, die von der Macht gar nichts halten, die sich etwa der Wissenschaft, der Kunst, der Religion zuwenden, ebenso als groß bezeichnet. Und damit sind wir beim Problem menschlicher Größe.

Nicht jedes Zeitalter fällt hier gleich sein Urteil. Und es kommt ganz sicher auf die jeweils eigene soziale Stellung, Bildung und menschliche Einsicht an, wem man menschliche Größe zubilligt. Die Zeit, da man Feldherren, Imperatoren, Generäle, also vor allem militärischen Personen und ihren Auftraggebern, Größe zubilligte, sollte eigentlich vorbei sein. Ich kann keine Größe darin sehen, Kriege zu beginnen, Siege zu erringen, Menschen zu töten. Aber alle bisherigen Jahrtausende sahen in siegreichen Persönlichkeiten „große" Menschen.

Nochmals: Worin besteht menschlichen Größe? Sie kann in Überwindung bestehen, in Zurückhaltung, in Einfühlungsvermögen, in Verzicht ebenso gut wie in Opfermut und Hilfsbereitschaft. In meiner Jugend war der große Mann Ziel der Verehrung, der Majorität der Bevölkerung. Heute noch klebt an den Politikern, die für kurz bemessene Zeit die Geschäfte unserer Gesellschaft mehr oder weniger gut führen, der letzte Rest jener Bedeutsamkeit, die mit wahrer Größe verwechselt wird. Das letzte halbe Jahrhundert hat uns also gelehrt, die Täuschung, die ein großer Mann verbreitet, als solche zu erkennen. Der Historiker kann ganz leicht nachweisen, dass die großen Männer in der Weltgeschichte, Alexander, Caesar, Karl der Große, alle die Kaiser und Könige, die solche Beinamen tragen, bis hin zu den „Führergestalten" Stalin, Hitler, Mussolini, die generell als große Männer bezeichnet wurden, weder dem Charakter nach noch durch die Gestaltung ihres eigenen Lebens – groß waren. Unglücklicherweise jedoch haben sie aufgrund ihrer persönlichen Struktur, die in vielen Fällen als nicht normal bezeichnet werden kann, entsetzliches Elend über die Welt gebracht. Tod. Vernichtung. Aber so wie die „allerdümmsten Kälber ihre Schlächter selber wählen", so gibt es immer wieder auf breiter Basis das Bedürfnis, Politiker oder Machtmenschen, die eigentlich nur Diener ihres Volkes sein sollten, ob ihrer Mächtigkeit als groß zu bezeichnen.

Wirklicher Größe bedarf es aber, um die einfachsten Dinge ordentlich, lebensfördernd und selbstlos zu erledigen.

Frauen als Schicksal

Ein verhängnisvoller Zug unserer Kultur besteht einfach darin, nicht anerkennen zu wollen, dass Frauen unser Schicksal sind. Selbst die großen Religionen sind in diesem Punkt nichts anderes als die Widerspiegelung der gesellschaftlichen Verhältnisse. Selbst das Christentum, das zweifellos die höchstentwickelte Religion ist, sieht sich gezwungen, in der Dreifaltigkeit – auf den ersten Blick hin – keine Frau anzunehmen, sondern das uralte Verhältnis zwischen Vater und Sohn durch ein drittes zu ergänzen, das die Heiligkeit beider Personen dokumentieren soll, ihre ewige Kraft und Fortdauer, ihren intellektuellen Bezug und ihre unausweichliche Verbundenheit: den Heiligen Geist.

Einer der letzten Päpste hat sich, von klugen Theologen bewogen, dazu ermannt, auch die bisher fehlende Frau der Trinität nahe kommen zu lassen, indem er ihren Aufstieg in den Himmel dekretierte. Nun ist die Trinität unvollkommen, die Quaternität, durch die Einbeziehung der Frau ein Vollkommenes geworden. So bedurfte es bisher 2000 Jahre, um zu dieser primären Einsicht zu kommen – und es wird weitere Jahrtausende benötigen, bevor unsere männliche Gesellschaft begreifen wird, dass der Hauptstrom des Lebens von den Frauen gebildet wird und dass in gar nicht so ferner Zukunft eine Gesellschaft vorstellbar ist, in der die heute übertriebene Bedeutung des Mannes auf sein normales Maß zurückgedrängt sein wird.

Aber sehen wir jetzt von jeder Spekulation ab. Die Macht der Frauen ist ihnen selbst leider oft unbewusst und doch regiert sie das Leben jedes Menschen. Nur Frauen können Menschen gebären, nur Frauen können sie in der Vereinigung mit den Männern ins Leben setzen. Diese Tat, durch die unser Geschlecht seine irdische Unsterblichkeit zu erreichen trachtet, muss schon in frühen Kulturen den Männern in mehrfacher Hinsicht unheimlich gewesen sein. Die Kraft des Schöpferischen versuchten sie so rasch als möglich für sich in Anspruch zu nehmen und den Frauen in ihrer Welt den zweiten Platz zuzuweisen.

Nun besteht aber die Macht der Frau nicht in körperlicher Stärke oder gewaltsamen Aktionen, die unausweichliche Beschäftigung mit der Aufzucht der Kinder lehrte sie über Jahrmillionen ihre spezifische Kraft zu entwickeln: eben das, was man unter dem vieldeutigen Begriff Liebe verstehen kann. Diese Liebe zum Kind, gemeinsam mit der aus der Sexualität sich entwickelnden Zärtlichkeit, wird somit zu einer Schicksalsmacht, die viel mehr als der Kampfgeist der Männer die Gemeinschaft der Menschen dominiert.

Um noch einmal auf die Religionen zurück zu kommen: So wird eine Religion der Zukunft sich weder bloß auf Jehova, die Dreifaltigkeit, noch den Koran Allahs berufen dürfen, sie wird die zentrale Stellung der Frau – allem patriarchalischem Hochmut zum Trotz – in das Zentrum ihrer religiösen Vorstellung rücken müssen. Das ist nicht so absurd wie es fürs Erste aussieht. Wenn wir Bachofen und denjenigen Autoren glauben dürfen, die von mutterrechtlichen, materlinearen Gesellschaften sprechen, so war die ursprüngliche menschliche Religion ein Kult der Muttergöttin, die oft als Mondgöttin in Erscheinung trat.

Was hindert uns, religiöse Formen zu erfinden, die den tatsächlichen Verhältnissen entsprechen?

Die Originalität des Christentums ist jedoch zweifellos unbestreitbar, setzt sie doch den Hauptkonflikt in der Geschlechterfolge als religiöses Postulat: das Vater-Sohn-Problem. Wir wissen, dass Jesus sich selbst als Menschensohn bezeichnet und jenes unbegreiflich Unaussprechbare, von dem wir uns angewöhnt haben es als Gott zu bezeichnen, in den meisten Stellen des Evangeliums als Vater angesprochen hat. Praktisch alle historischen Gesellschaften hatten das schier nicht zu bewältigende Problem, die Machtfolge zwischen Vätern und Söhnen zu lösen. So gehört es zu den genialsten Zügen des Christentums (genial = Offenbarung), die Dreifaltigkeit erfunden zu haben und zu den tragischsten, dadurch das Schicksal der Frauen auf Jahrtausende unterjocht oder zumindest beeinträchtigt zu haben. Coda: Und jetzt überlege jeder, wie sehr ihn Frauen in seiner persönlichen Entwicklung geformt haben.

Von der Kunst des Sterbens

Es sollte Sie nicht überraschen, dass in den folgenden Zeilen von der Kunst des Sterbens die Rede ist. Unser Mittelalter hat zu gewissen Zeiten, aber dennoch weit verbreitet eine ARS MORIENDI entwickelt. Die Großfamilie versammelt sich am Sterbelager des Moribunden. Religiöse Zeremonien, Gebete, die so genannte letzte Ölung, alles das fand im Kreis der Verwandten und oft vieler Bekannten statt. Der Sterbende, falls er dazu in der Lage war, gab seinen Angehörigen einen letzten Segen und verfügte gegebenenfalls noch über seinen Nachlass. Dieses Szenario, das vom tiefen Glauben an ein Jenseits und an ein Wiedersehen nach dem Tode getragen war, hatte zweifellos eine mehrfache Bedeutung. Das Sterben war nicht anonym, es fand im Kreis der Familie statt, und der Sterbende wusste sich bis zu seinem letzten Atemzug umsorgt.

Millionen sterben heute in Spitälern, oft allein, oft auch tatsächlich unbetreut. Der uns so modern erscheinende Hospizgedanke, der seit einigen Jahren mehr und mehr an Boden gewinnt, greift diese alte ars moriendi nun wiederum auf. Es wäre ein dringendes Erfordernis, dass jedes Spital Vorsorge trifft, Räumlichkeiten und Personen für die dem Sterben geweihten Patienten bereitzustellen. Es erscheint mir unmenschlich, am Kranken nur solange medizinisch tätig zu sein, solange eine Chance auf eine tatsächliche Bekämpfung der Krankheit gegeben ist und ihn dann allein sterben zu lassen. Es gehört zu den inhumansten Verhaltensweisen der modernen Gesellschaft, dass der Arzt und das Pflegepersonal nur sofern es der Zufall ermöglicht, für den Sterbenden zur Verfügung stehen. Das Sterben ist ein

Teil der Krankheit, es steht uns allen bevor, und wir alle wünschen uns, dass wir diesen Übergang in einen anderen Zustand so gut es geht vollziehen. Diese letzte Kunst, die dem Menschen begegnet, sollte sowohl vom Patienten als auch vom Arzt gemeinsam geübt werden. In dieser Beziehung war das Mittelalter keinesfalls dunkel oder finster.

Feste feiern

Ich denke mir, dass in alten Zeiten nur dann Feste gefeiert wurden, wenn Nahrungsmittel in ausreichender Anzahl, am besten jedoch im Überfluss, vorhanden waren. Gründe um Feste zu feiern gibt es zwar in der Gegenwart unzählige, und jederzeit wird an jedem Ort irgendeine Party oder ein „Festl“ zelebriert, in der Frühzeit des Menschen waren Anlässe und Gelegenheiten sicher viel seltener.

Zunächst sind sie auch an ganz bestimmte Fixpunkte gebunden – an Geburt, Einweihungsrituale, an Hochzeiten und an Begräbnisse. Der Totenkult, der schon in frühester Zeit die Begräbnisstätten zu Altären machte, wurde sicherlich durch ein Totenmahl beendet. Überfülle an Waffen, Gebrauchsgegenständen, Handwerkszeug, Schmuck verleitete nicht wenige Völkerschaften dazu, demonstrativ diese zu vernichten und auf diese Art ihren überbordenden Reichtum zur Schau zu stellen. In Gegenden und Familien oder Stammesverbänden, die mit Nahrungssorgen und Hungerzeiten zu rechnen hatten, wird der Höhepunkt ihrer Feste, besonders der religiösen, an das Ende von Fastenperioden gelegt. Das hat nicht nur eine spirituelle Aufgabe, sondern dient auch dem Zweck, am Festtag genügend Fleisch, Brot, Esswaren aller Art gehortet zu haben, um das Fest prächtig feiern zu können.

Feste müssen sich nämlich vom Alltag möglichst total unterscheiden. Tanz, Musik, Maskerade, Unmäßigkeit im Essen und Trinken, in vielen Fällen auch sexuelle Orgien, oder Umsturz der Machtverhältnisse treten auf. So wird z. B. für eine gewisse Zeit der Knecht zum Herrn, der Sklave zum Sklavenhalter, die Regierung der Stadt wird dem

Bürgermeister noch bis in unsere Gegenwart aus der Hand genommen, der Schlüssel der Stadt dem Narrenprinzen übergeben.

Es wäre sehr hübsch zu wissen, wann jemals in unserer Geschichte das erste Fest überhaupt gefeiert worden ist, das einen solchen Namen verdient. Wir können nur vermuten, dass in mythischer Vorzeit alle diese Einzeltrends noch beisammen waren: das religiöse Gefühl, der Hunger und der Durst, die Freude am Tanz, an der Musik und am Schauspiel. Vermutlich wird man, und das im Namen einer Gottheit oder der Götter, für die Dauer des Festes zu einem ganz anderen, etwa zum Totemtier oder irgendeinem Schreckgespenst.

Dieses Bedürfnis des Menschen, jemand ganz anderer zu sein, überfällt jeden von uns zu der einen oder anderen Zeit. Unsere stark regulierten und kanalisierten Feste, die zu bestimmten Zeiten unter ganz bestimmte Motti fallen, gehören ebenso zu uns wie Freizeit, Arbeit, unsere Familie, unsere Heimat.

Das Nichts

Das Nichts existiert nicht und lebt doch in der Sprache. Wir kennen weder den Umfang des Nichts noch seine Eigenschaften oder vielmehr nur, dass es keine Eigenschaften besitzt.

Das Nichts hat eine Schwester. Diese Schwester ist von den Arabern oder von den Indern erfunden worden – heißt es nämlich hier – Null.

In unserem Alltagsleben rechnen wir ständig mit dem Nichts, mit der Null. Dennoch kann uns keiner sagen, was das ist und wie das beschaffen sein soll. Unser Gehirn gibt uns ein Denkschema vor. Alles was ist, muss in Zeit und Raum existieren, einen Grund haben und womöglich einen Zweck erfüllen. Von alldem weiß das Nichts nichts.

Den am meisten paradoxen Satz hat Heidegger gefunden, indem er meint: Das Nichts nichtet. Da gibt es nun ein Hauptwort und ein Tätigkeitswort, aber beides nur in der Sprache und, wie jetzt wohl schon klar geworden ist, nicht in der Wirklichkeit. Durch die Sprache kann der Mensch also auch mit dem Nichts umgehen, indem er es kühn benennt und agieren lässt. Und dennoch ist es nichts.

So wie das Nichts unverständlich ist und nicht begriffen werden kann, so gibt es auch ein weiteres Wort, diametral zum Nichts, es ist das unbegreiflichste aller Wörter, vielleicht noch unbegreiflicher als das Nichts, das Wort Gott. Dafür könnte man auch sagen totum mundum, deus sive natura, Pantheismus, Panentheismus und den sich offenbarenden Gott.

Es gibt auch eine Verbindung zwischen Gott und dem Nichts. Die mittelalterlichen Theologen meinten mitunter,

Gott habe die Welt aus dem Nichts erschaffen: Creatio ex nihilo. Moderne Naturwissenschafter sprechen vom Urknall, oft auch spöttisch davon: „Wer knallt da?"

Man sieht, dass wir aus den vom scharfsinnigen Kant entdeckten Kategorien, d. h. den Denkschemata des Hirnes, nicht entfliehen können. Daher empfiehlt der Königsberger Philosoph folgendes anzunehmen: Er meint, man solle darauf vertrauen, dass es Gott, die Unsterblichkeit, die Seele gibt. Auch dann, wenn sie nicht beweisbar sind.

Von Gott und der Unsterblichkeit habe ich bisher wenig erfahren. Eine Seele, so geheimnisvoll sie auch sein mag, glaube ich zu besitzen. Offen bleibt die Frage: Gibt es das Nichts?

Über einen Ausspruch Goethes

Wer Kunst und Wissenschaft hat, der hat Religion.
Wer sie nicht hat, der habe Religion.

Hat Goethe Recht? Sicher hat dieser Ausspruch dazu beigetragen, dass man ihn als einen alten Heiden bezeichnet hat. Aber was heißt eigentlich „Kunst haben"? Offenbar ist es nicht der Kunstgenuss, sondern das „Machen". Die Griechen hatten für den, der Kunst macht, ein ganz einfaches Verbum: poëin – was nichts anderes als „machen" bedeutet. Der Poet ist also der Macher. In unserer Zeit kann Macher sehr viel mehr und sehr viel anderes bedeuten. Kunst haben heißt bei Goethe Kunst schaffen. Und da stellt sich schon die Frage, was ist denn Kunst eigentlich?

Vor 15.000 Jahren verkriecht sich ein frühes Mitglied der menschlichen Gesellschaft in das innerste einer Höhle in Altamira und malt im hintersten Winkel, ganz oben an der Decke, an einem höchst unzugänglichen Ort, eine Herde von Rentieren, einen Bogenschützen und anderes mehr. Das erscheint uns heute als das erste zugängliche Kunstwerk. Wir wissen nicht, warum dieser Mann mit Erdfarben und vielleicht sogar einem Pinsel diese höchst modern anmutende, genial gestaltete Rentierherde in dieser Höhle darstellt.

Da wir alle ein Hirn haben, das nur im Bannkreis von Ursache und Wirkung denken kann, sind wir immer genötigt, Motive und Absichten zu suchen. Nun war dieser „erste Künstler" vielleicht ein Schamane, der durch diese Abbildung einer Rentierherde wirklich und wahrhaftig einige hundert Rentiere „herbei zaubern" wollte. Damals trieben frühe Jäger ganze Herden in steil abstürzende Abgründe; ihre Knochen sind am Talboden noch aufzufinden. Aber niemand kann uns das bestätigen. Es ist durchaus möglich, dass jener Mann (oder jene Frau) etwas anderes als Magie oder Jagdzauber im Sinne hatte. War es die bloße Lust diese Tiere und Menschen darzustellen, sie sozusagen zu verdoppeln, sie durch die geheimnisvolle Kunst der Zeichnung auf eine andere Art lebendig werden zu lassen oder auch nur festzuhalten?

Die Frage ist einfach die: Was geht in einem Menschen vor sich, der die ihm fassbare Wirklichkeit durch eigene Tätigkeit wiederholt, in diesem Fall abzeichnet und zugleich nicht abzeichnet, sondern neu gestaltet? Denn die seltsamen, wie gesagt ganz modern wirkenden Zeichnungen sind eine Neukombination durch Striche, Farben, Engramme seiner Erfahrung; er schafft ein Abbild, und es wird für alle späteren Künstler von entscheidender Bedeutung sein, ob sie in mimetischer Weise die Natur, in der sie leben, nachahmen oder neu zusammensetzen. Aber in beiden Fällen gibt uns dies bis heute Rätsel auf. Wollte man ganz rigoros sein, dann wird durch diesen Menschen, der ja unserer Meinung nach die Spitze der biologischen Entwicklung ist, der uns allen gegebenen und geschenkten Schöpfung ein Etwas hinzufügte, das bisher nicht existierte. Man könnte daher sagen, der Schöpfungsakt jener unbeschreibbaren göttlichen Kraft, der wir alles und auch unser Leben zu verdanken haben, setzt sich hier in nicht-biologischer Weise fort, als Erweiterung und Zusatz zur bisher gegebenen Schöpfung. Da weder Steine noch Pflanzen oder Tiere einer solchen Tat fähig sind und sie allein vom Menschen vollzogen werden kann, muss es etwas in unserem Organismus geben, oder auch unserem Organismus zugänglich sein, das uns zur Mimesis, zur Nachahmung, zur Schöpfung befähigt.

Wir setzen die Schöpfung fort. Aber nicht nur im Bild, sondern auch schon im ersten primitiven Musikinstrument, in einer Flöte, einer Trommel, in Stäben, die wir aneinander schlagen. Welchen Zweck hat das alles? Wenn wir dazu neigen Magie und Schamanismus als Motivation anzusehen, dann hätte Kunst schon im Ursprung einen religiösen Zweck. Den Zweck der Beschwörung, den Zweck der Abschreckung des Bösen, den Zweck drohende Mächte zu besänftigen, den Zweck helfende Geister herbei zu rufen. Aber niemand wird uns diese Sinngebung und Deutung bestätigen können. Ebenso ist es durchaus möglich, ja sogar auch wahrscheinlich, dass nicht nur jene ersten Kunstwerke, sondern auch sehr viele spätere bis heute einfach aus dem Spieltrieb des Menschen erwachsen. Ein Spieltrieb, der sich schon bei den Tieren findet, dort jedoch auf einer bloß biologischen, organischen Ebene realisiert wird, beim Menschen jedoch nach außen tritt. Mit der Erkenntnis der Umgebung, seiner Umwelt geht Hand in Hand (und das buchstäblich) ihr Begreifen und die Möglichkeit, sie sowohl zweckmäßig (als Werkzeug) als auch spielerisch, d. h. zwecklos, zu gebrauchen.

Um noch einen Klassiker zu bemühen: Schiller meint „nur im Spiel ist der Mensch – Mensch". Das bedeutet wohl soviel wie: Nur im Spiel ist der Mensch frei von Sorge, Arbeit, Mühe, bedrückenden Emotionen, Ängsten usw. – im Spiel ist er frei. Wobei das Wort Spiel natürlich richtig verstanden werden muss. Es ist jene Situation, die keinen lebensnotwendigen Zweck anstrebt, die es uns ermöglicht, mit den Objekten unserer Umgebung wirklich sorglos zu schalten und zu walten.

Besteht etwa ein Zusammenhang zwischen dem freien Spiel und der Kunst? Offensichtlich! Eine Geschichte der Kunst müsste daher geschrieben werden können, die uns zeigt, wie diese freie Entwicklung des Spieltriebs von den ersten Anfängen bis zur Gegenwart eigentlich zweckfrei existiert. Aber es ist sehr leicht, eine Gegenposition aufzubauen. Dient nicht Malerei und Musik seit den Uranfängen unseres Geschlechtes in hohem Maße den magischen und religiösen Verhaltensformen des Menschen? Man stelle sich bloß vor, wenn das Evangelium Christi, die Lehre Buddhas, die Erzählungen der Veden ohne Malerei, ohne Bildhauerei, ohne Musiker tradiert worden wäre, dann würde z.B. der überwiegende Teil der abendländischen Malerei nicht existieren, ein Bildverbot würde unsere Museen und Kirchen, unsere Schlösser und Paläste kahl, leer und wenig überzeugend dastehen lassen.

Und dennoch ist jener Moment, in dem es den Künstler antreibt den Pinselstrich anzusetzen, den Musiker bewegt den Luftstrom in die Flöte zu blasen, den Tänzer veranlasst den ersten, zweiten und dritten Schritt zu tun, der kein anderes Ziel als sich selbst hat, jener Moment, den wir als zweckfrei bezeichnen können, und es gehört zu den großen Geheimnissen unserer Existenz, dass wir eben in diesem doppelten Sinne handeln wollen, können und vielleicht sogar müssen, nämlich Zwecke anzustreben, Absichten zu realisieren, um die Notwendigkeit des Überlebens zu garantieren und zugleich in der Lage zu sein, zweckfreie, nutzlose, illusionsbehaftete Events zu verwirklichen.

Wem nun verdanken wir diese Fähigkeit? Man hat im Verlauf von einigen Jahrtausenden dafür nach Namen gesucht, Erscheinungen vermutet, Phänomene eingegrenzt. Es ist jenes geheimnisvolle Innere, das die Namen Seele und – davon schwer zu unterscheiden aber sicher verschieden – Geist trägt. Es ist bemerkenswert, dass wir für eine ganze Reihe von Unbegreiflichkeiten zwar Worte besitzen, aber nicht sehr viel mehr. Seele, Geist, Gott, Ewigkeit, aber auch so einfach klingende Worte wie Friede bezeichnen offenbar mehr Erwartungen, Hoffnungen und gläubige Annäherungen an Sachverhalte als beweisbare Realitäten.

Und nun sind wir bei den beweisbaren Realitäten angelangt. Die Verwaltung dieses ungeheuren Gutes ist die Wissenschaft, sind die Wissenschaften. Die Entwicklung der Wissenschaft ist, wie ich meine, weniger geheimnisvoll als die Entstehung der Kunst. Zu allen Zeiten gab es ein Wissen um den Menschen und seine Welt. Der Fortschritt der Wissenschaft aber besteht darin, dass wir schon aus Gründen der Notwendigkeit und des Überlebens danach trachteten, gesichertes und beweisbares Wissen vom Aberglauben, vom Unsinn, vom Nutzlosen zu trennen. Heute bezeichnen wir als Wissenschaft nur diejenigen Wissensgebiete, die entweder experimentell überprüfbar, verifizierbar oder falsifizierbar sind oder, wenn das nicht möglich ist, doch eindeutig evident erscheinen.

Zurück zu Goethe. Wer Kunst hat, d.h. Kunst schafft und erlebt, tritt aus dem Reich der Notwendigkeit, des Alltags, der Sorge in einen Bereich des interesselosen Schönen, um mit Kant zu reden zumindest in den Bereich des angenehm Zweckfreien. Sofort empfindet er die Freude am Bild, das erfreuende, begeisternde der Töne, das lustvoll bewegte des Tanzes usw. Das Spiel, das in der Kunst steckt, dem sie ihre Existenz verdankt, erweckt in uns Freiheit. Die Wissenschaft erweitert alle unsere Lebensmöglichkeiten, und indem sie die Technik inspiriert, verändert sie unser Leben total. Was einst Sklaven waren, sind heute die Maschinen. Wir könnten in Zukunft in einem zweiten Athen leben, in dem ein Drittel der erwachsenen Männer ohne Arbeit sich dem Genuss der Kunst und Wissenschaft hingab, allerdings auf Kosten von zwei Drittel Sklaven. Unsere Sklaven könnten bei einer Neuorganisation unserer sozialen Gemeinschaft die Maschinen sein.

Nach diesem Exkurs wieder zurück zu der Behauptung, wer Kunst und Wissenschaft hat, hat auch Religion. Das heißt, dass alle emotionalen und geistigen, alle körperlichen und organischen Bedürfnisse durch diese beiden Bereiche abgedeckt sind. Die schöpferische Urkraft ebenso wie das Endziel einer freien paradiesischen Gesellschaft.

Nun zu jenen, die an Kunst und Wissenschaft nicht interessiert sind, nun zu jenen, die keinen Anteil an ihnen nehmen, obwohl große Teile ihres Lebens davon beeinflusst und gestaltet sind. Viele Jahrhunderte hindurch, ja Jahrtausende, war die Religion – und ist es in weiten Bereichen der Erde noch immer – die bestimmende Kraft, die sowohl den Einzelnen wie auch die Gemeinschaft, also die Gesellschaft, in der er lebt, ordnet.

Es ist eine Ordnung der Fremdbestimmung, und diese Menschen wissen nicht, dass sie von außen gelenkt werden. Die religiösen Gebote, die die Beziehung zu jenen unbegreiflich Göttlichen regulieren sollen, die moralischen Gebote, die nicht nur das soziale, sondern auch das sexuelle Leben der Gläubigen regeln wollen, bilden ein Ganzes, das letzten Endes nicht nur die Priesterherrschaft perpetuiert, sondern auch den Menschen in einer selbst verschuldeten Unmündigkeit festhält. Und dennoch sagt Goethe, wer Kunst und Wissenschaft nicht hat, der habe Religion.

Und das mit gutem Grund, denn der freie, aufgeklärte, sich selbst bestimmende, autonome Mensch befindet sich in einem Raum, in dem er nicht gezwungen ist, sondern selbsttätig, freiwillig die Gesetze der Moral, der sozialen Verpflichtungen zu setzen. Goethe hat uns verschwiegen, dass die Freiheit des Menschen seinen Preis hat. Es ist allerdings der höchste Preis, der im doppelten Sinn dieses Wortes bezahlt und errungen werden kann. Er wird nicht jedem Menschen zuteil werden, nicht jeder wird diese Einsamkeit ertragen, diesen Mut aufbringen und dieses schönste aller Ziele erreichen wollen: die Selbstbestimmung des Menschen.

Die große Kraft, die in den Religionen deponiert ist und die darin besteht, dass Millionen von Menschen durch vorgeformte Anweisungen innerhalb ihrer sozialen Gebilde vernünftig und gläubig überleben können, diese große Kraft, die aus dem Zusammenspiel der amtlich beglaubigten Priesterkaste und ihrer Gläubigen entsteht, war für sehr lange Zeit (und wird es auch noch für sehr lange Zeit sein) ein lebensförderndes Instrument. Es wäre von ungeheurem Nutzen, wenn sich diese großen Religionen und ihre Angehörigen dazu bewegen ließen, sich und ihren Glauben nicht als allein seligmachend, anzusehen. Die Kooperation der großen Religionen müsste theoretisch einen Weltfrieden herbeiführen können. Dass sie dies nicht tun, liegt einzig daran, dass sie ihre eigenen Prinzipien nicht genug ernst nehmen. Nicht zu übersehen jedoch ist, dass der gläubige Mensch, der seine dogmatisch vorgeformten Ansichten über Gott und die Welt besitzt, eine gute Ausgangsposition hat, um rechtschaffen zu leben, den Schicksalsereignissen in traditionellen Formen zu begegnen und sie zu bewältigen.

Der Nutzen der Religionen besteht offenbar darin, eines im Menschen zu stärken, was überhaupt die Grundlage menschlichen Zusammenlebens bildet: Vertrauen zu schaffen. Daher ist es das sicher ungeheure Verdienst der meisten Religionen, dass sie diese Grundlagen, die uns ein erträgliches Leben ermöglichen, immer aufs Neue bestärken.

Um zum Ende zu kommen: In meiner Kindheit gab es auf dem ganzen Erdball 1,5 Milliarden Menschen; am Beginn des 21. Jahrhunderts überschreiten wir die 6-Milliarden-Grenze. Wissenschaft und Kunst sind nur einem kleinen Teil der Menschheit zugänglich und zu Diensten; die großen Religionen, so sehr sie auch in ihren Grundfesten erschüttert sein mögen, ziehen immer noch Milliarden in ihren Bann. Aus diesem Grund, glaube ich, hat Goethe Recht.

Von der Informations- zur Wissensgesellschaft

Unser Bildungssystem ist vollständig veraltet. Unsere Lehrpläne sind unnütz. Unsere Lehrer müssen wir zu einem neuen Typus umerziehen. Der Jugendliche, der in die Pubertät kommt, muss bereits neugierig sein, sein Wissensdurst geweckt werden und er muss die Kompetenz errungen haben, mit den neuen Medien umzugehen. Was ja in den meisten Fällen der Fall ist.

Dem jungen Menschen steht heute ein unermessliches Reservoir an Wissen zur Verfügung. Bibliotheken, Internet, alle Arten von elektronischen Übermittlungssystemen – was er wirklich braucht ist, um es nochmals zu sagen, Neugier und Wissensdurst. Sicher wird es immer einen großen Prozentsatz von Schülern geben, die wenig Interesse am Lernen haben. Aber auch in ihnen kann durch geschickte Lehrer diese so notwendige Neugier auf das Wissen der Welt erweckt werden.

Welches Wissen brauchen wir?

Ein Grund- und Basiswissen, damit wir unsere Position in der Gesellschaft festlegen, erreichen und ausbauen können. Darüber hinaus, über das bloße, das lebenssichernde Wissen, steht uns in unserer Kultur seit vielen Jahrhunderten eine Fülle jenes Wissens zur Verfügung, das über das Positionswissen hinausreicht. Als Erwachsener kann dann jeder, der mit den neuen Medien vertraut ist, sich jedes Wissen der Welt aneignen. Er selbst wird entscheiden, was er notwendig braucht, was ihm überflüssig erscheint und wo er in neue Bereiche vorstoßen kann. Das Prinzip jedoch besteht darin, nicht bestimmte, verschnürte Pakete von

Wissenseinheiten portionenweise zugeteilt zu bekommen, sondern das System auf den Kopf zu stellen: die kopernikanische Wende herbei zu führen, d.h. den Schüler als Motor des Lernens anzusehen, den Lehrer nicht als Wissensvermittler (dazu weiß er gar nicht genug und wird es nie wissen) zu betrachten, sondern als Anreger, Begleiter, Herausforderer, der gemeinsam mit dem Schüler auf der Suche in die Welt des Wissens eindringt.

Es wird daher keiner Lehrpläne bedürfen, sondern einer Vielzahl disziplinübergreifender Projekte, die sich Lehrer und Schüler gemeinsam erarbeiten werden. Eine derartige Veränderung des Schul- und Bildungssystems, zu dessen Verwirklichung ein oder zwei Jahrzehnte notwendig sein werden, wird entscheidenden Einfluss auf das soziale Gefüge der Gesellschaft haben. Aus dem passiven Bürger wird dann im Idealfall der aktive Gestalter, dessen positiver Einfluss sich nach und nach in der Familie, dem Erwerbsleben, dem Staat bemerkbar machen muss.

Der Einwand, dass es ein derartiges Erziehungssystem bisher nie gab, kann vernachlässigt werden. Da auch bisher nie die Möglichkeit bestand, selbstständig einen interaktiven Zugriff auf Universitäten, Bibliotheken, Datenbanken, Internet und dergleichen zu haben.

Da jede Medaille zwei Seiten hat, wird auch dieses System Mängel besitzen. Es ist aber die einzige Chance aus dem veralteten Lehrbetrieb auszusteigen, es ist die einzige Chance die modernen Erkenntnisse der Naturwissenschaft, der Wirtschaft, des kulturellen Lebens wirklich jedem Einzelnen nahe zu bringen. Es ist das einzige System, das Chancengleichheit garantiert und für das Überleben unserer Gesellschaften unabdingdar ist.

Über Humanität

Die Herrscher vergangener Zeiten hatten, wie alle Menschen, Lob sehr gern. Als königliche Tugenden wurden unter anderem die Clementia, d.h. die Güte, die Liberalitas, d.h. die Freigiebigkeit, besonders gerühmt. Ich kenne keinen Herrscher außer Marcus Aurelius, römischer Kaiser zwischen 120 und 180 n. Chr., der den Beinamen Human, menschlich, erhalten hätte.

Die Humanität scheint keine Tugend Regierender zu sein. Wem nützt sie überhaupt? Sie gehört zu jenen Eigenschaften, die keinen sichtbaren Nutzen einbringen – weder Geld noch Besitz –, die jedoch der eigenen Persönlichkeit einen ungeahnten inneren Reichtum ermöglichen. Nicht zu jeder Zeit hat man unter Humanität dasselbe verstanden, wohl aber ein Ähnliches oder fast Gleiches. Ein athenischer Staatsbürger, der sich in der Kunst der Rede ausgebildet hatte und auf der Agora an Gerichtsverhandlungen teilnahm, konnte, wenn er für Sitte, Moral, für Mäßigung und Verständigung eintrat, sich als humaner Mensch bezeichnen, obschon er in seinem Haushalt vielleicht Sklaven und seine Ehefrau in einer nicht geringen Tyrannei hielt. Die antiken Staatsmänner wird man kaum unter die Gruppe der Menschen rechnen, die durch besondere Humanität ausgezeichnet waren, wohl aber die Philosophen ihrer Zeit, die Schriftsteller und sicher eine ganze Zahl von gebildeten Bürgern.

An den Höhepunkten des christlichen Mittelalters sehen wir Gelehrte, Kirchenmänner und Schriftsteller, die den Typus des Menschen verkörpern, der die christliche Humanität darstellt. In der Renaissance werden die antiken

Schriften nach dem Fall von Byzanz nach Italien gebracht und dort neu interpretiert. Sie ergänzen jenes Schrifttum aus dem Altertum, das über die in Spanien ansässigen Araber auf uns überkommen ist. Wie wir wissen, nennen wir jene Italiener und ihre Jünger in ganz Europa – Humanisten. Offenbar deswegen, weil sie sich dem unkriegerischen, gewaltlosen, d.h. menschlichen Medium der Bücher zugewandt hatten. Das Buch ist vielleicht das bemerkenswerteste Medium des Humanen.

Wenn wir aber angeben müssten, was Humanität wirklich ist, so müssten wir praktisch alle positiven Eigenschaften des Menschen aufzählen, ihm zumessen, und sein Verhältnis zu Umwelt und Welt als sinnvoll und sinnerfüllt beurteilen. Humanität ist so etwas wie das Ziel der menschheitlichen Entwicklung, sie wird aber von jeweils Einzelnen in ihrem eigenen Leben angestrebt. Humanität ist zugleich der sinnvolle Weg eines Menschen wie auch sein Leitbild. Dennoch ist es doch etwas rätselhaft, dass das Wort Humanität bloß die positiven Seiten des Menschen anspricht. Eben jenes Menschen, der in sehr vielen seiner Exemplare ein Schurke, ein Mörder, ein Dieb, ein Gauner sein kann, d.h. die negative Seite wird von dem Ausdruck Humanität, einem Wort, in dem doch der Kern menschliches Leben bedeutet, nicht erfasst. Ist es die Eitelkeit unserer Natur, dass wir uns so gern unserer besten Eigenschaften rühmen und für unsere schlechten Seiten ein Wort aus dem Tierreich – Bestialität – benötigen?

Einige unangenehme Wahrheiten

Würde man mir auf den Kopf zusagen, dass ich eifersüchtig, geizig, neidisch, träge, wollüstig, hoffärtig sei, würde ich das entrüstet ablehnen. Keine dieser den Katholiken sogar als Todsünde erscheinenden Verhaltensweisen würde ich an mir prima vista finden. Und doch behaupte ich nun, dass in jedem von uns der Keim, der Same für alle diese wenig liebenswerten Eigenschaften vorhanden ist.

Am ehesten wird man mir zugestehen, dass die Eifersucht von sehr vielen Menschen gekannt wird. Es muss ja nicht lodernde Eifersucht sein, aber schon geringe Anzeichen wird zumindest der Liebende an sich und seinem Partner bemerken. Dass Eifersucht bis zu Gewalttaten führen kann, können wir täglich in der Zeitung lesen. Woraus sie sich allerdings zusammensetzt, das sollten wir analysieren. Die erste Antwort nämlich, sie entstamme der Liebe, ist kaum stichhaltig. Die Mutter der Eifersucht ist sicher Besitzgier, ein angenommenes und eingebildetes Anrecht auf den Partner, die Ansicht, dass der Partner praktisch mein Eigentum wäre. Der besinnungslos Eifersüchtige will alle Lebensäußerungen seines Partners kontrollieren und bestimmen.

Sehen wir uns die nächste „Todsünde“ an, den Geiz, so gibt es auch hier einen gesunden Kern, nämlich die Sorge um den eigenen Besitz, und den krankhaften Auswuchs, der darin besteht, alles diesem Bedürfnis unterzuordnen.

Wir können nun in der Betrachtung dieser unangenehmen Wahrheiten fortfahren, aber das bisher festgestellte genügt doch bereits, um zu erkennen, dass wir unsere Gefühlswelt in einer ungeheuren Bandbreite erleben, die von positiven Erscheinungen ausgehend bis zu katastrophalen verbrecherischen und tödlichen Verhaltensweisen führt. Nichts Neues. Aber wir sollten uns bei dieser Gelegenheit vor Augen führen, dass z. B., um es übertrieben zu sagen, der Krieg in der Familie beginnt.

Welcher Sport macht mich krank?

Natürlich macht Sport nicht krank. Es gehört zur großen kulturellen Errungenschaft des letzten Jahrhunderts, dass ein sich ständig weiter entwickelnder Breitensport zur Gesundheit unserer westlichen Bevölkerung entscheidend beiträgt. Nicht übersehen werden soll, dass Leistungssport jedoch oft zu organischen Schäden führt und auch gewisse Sportarten, wie etwa das Schilaufen, zahllose Unfälle aufweist. Ich könnte mir daher vorstellen, dass man für besonders gefährdete Sportarten spezielle Versicherungen einführt, so wie ich auch der Meinung bin, dass ich als Raucher eine Zusatzprämie bei meiner Versicherung einzahlen müsste.

Die Frage, ob Sport gesund ist, stellten sich schon antike Schriftsteller, und wir alle kennen den Satz „mens sana in corpore sano". Zumeist wird das verkürzt so übersetzt: „ein gesunder Geist in einem gesunden Körper". Liest man diesen Satz aber im Original, so geht es gar nicht um die Gesundheit des Körpers, sondern um den gesunden Geist.

Durch Sport einen gesunden Körper erhalten, das ist nur die halbe Wahrheit, und daher, weil Halbwahrheiten so beliebt sind, sprechen wir nur von der Gesundheit des Sports. Unser antiker Schriftsteller jedoch wollte beides, die Gesundheit des Geistes und die Gesundheit des Körpers. Es ist viel bequemer durch jedes mögliche sportliche Training jene Forderung zu erfüllen, und es ist recht unbequem, sich um die Gesundheit des eigenen Geistes zu kümmern. Brauchen wir vielleicht in Zukunft Wettbewerbe, Meisterschaften, Olympiaden des Geistes? Wer wird an solchen Veranstaltungen teilnehmen?

Einer meiner Freunde ist bereits so weit beides zu verbinden. Er trainiert Sportmannschaften, führt sie aber zugleich an Werke der Kunst, an Erzeugnisse des Geistes heran, er löst mit den Sportlern Denkaufgaben und erzielt – kaum glaublich – bessere sportliche Leistungen. Jeder von uns kennt den Satz Winston Churchills „No sport". Keiner von uns würde auf die Frage, ob wir Interesse an der Kultur hätten, „no culture" antworten.

Zusammenfassend möchte ich sagen, dass mich jeder Sport krank macht, der ausschließlich auf die Verbesserung meiner körperlichen Kondition ausgerichtet ist, weil er mir nur eine Halbwahrheit vermittelt und meine gesamte Persönlichkeit außer Acht lässt. Der antike Schriftsteller wollte nämlich mit seinem Satz, der hier nicht zur Gänze zitiert wird, nichts anderes ausdrücken, als dass es wichtig sei, einen gesunden Geist zu besitzen, wobei es vorteilhaft wäre, auch einen gesunden Körper zu haben. Sport darf keine Halbwahrheit sein.

Wie viele Feinde kann ich mir leisten?

Keine! Ich kann mich mit sehr vielen Gegnern auseinandersetzen. Auf einer verbalen Ebene, ich kann mit ihnen argumentieren, ich kann sie überzeugen, sie können mich überzeugen und wir können uns gegebenenfalls auch einigen. Ich bin keines Menschen Feind. Und dennoch muss ich damit rechnen, dass, aus welchen Gründen immer, irgendwo oder irgendwann ein Feind auftaucht, der keineswegs eine verbale Auseinandersetzung anstrebt, sondern mich einfach vernichten will. Diesen Feind, der mir eine Bombe vor die Wohnungstür legt oder mich aus dem Hinterhalt erschießt, diesem Feind kann ich nicht entkommen. Dem Terroristen bin ich – trotz aller Sicherheitsmaßnahmen – rettungslos ausgesetzt.

Daher: Ich kann mir keinen einzigen Feind leisten und muss Mittel und Wege finden, mich vor solchen zu sichern. Das kann kein Einzelner, da bin ich auf den Staat und seine Polizei angewiesen. Am schönsten wäre es, könnte ich Feinde in Gegner umwandeln, Gegner kann ich in schier unbegrenzter Zahl haben.

LIEBE DEINEN NÄCHSTEN!

Die schwierigste Forderung, die jemals an uns Menschen gestellt wurde, ist die: Liebe deinen Nächsten wie dich selbst. Zunächst ist sie auch nicht ganz klar formuliert, denn es kann doch sein, dass ich mich selbst entweder zu viel oder zu wenig liebe. Ich kann daher auch meinen Nächsten entweder zu viel oder zu wenig Liebe entgegen bringen. Überhaupt was heißt das, den Nächsten lieben? Jeden Nächsten?

Um diese hohe Kunst wirklich zu erlernen, schlage ich vor, dass wir eine Stufenfolge in unserem Verhalten beachten. Die erste Stufe, die der Gleichgültigkeit, lassen wir sofort hinter uns. Eigentlich muss ich jeden Menschen, mit dem ich zu tun habe, dem ich begegne, mit dem ich in irgendeinem wie immer gearteten Verhältnis stehe, als Mensch ernst nehmen. Falsch ist es, ihn als Mittel zu irgendeinem Zweck anzusehen oder zu verwenden, weil kein Mensch als bloßes Mittel für irgendeinen anderen Zweck angesehen werden will. Ich werde daher seine Eigenschaften, seine Persönlichkeit beurteilen und das Gute an ihm hervorheben und beachten, was mir an ihm missfällt zunächst zurückstellen und so lange es geht nicht beachten. So wird es mir gelingen, ihn in einem bestimmten Bereich zu respektieren, zu schätzen, vielleicht sogar ihn wirklich hoch zu achten. Da wären wir schon ganz nahe an jener Grenze, die, wenn wir sie überschreiten, den Bereich der Liebe eröffnet.

Dennoch bleibt die Tatsache bestehen, dass es uns nur schwer gelingt, dieser großen Forderung „Liebe deinen Nächsten wie dich selbst“ tatsächlich gerecht zu werden.

Gelänge uns nämlich ein solches Verhalten, würden tatsächlich alle oder zumindest die meisten Schwierigkeiten aus dem Weg geräumt, die im zwischenmenschlichen Bereich bestehen.

So wie diese Forderung aber von den meisten Menschen entweder unbeachtet bleibt oder nur auf höchst komplizierte Weise verwirklicht werden kann, ist sie fast unerfüllbar. Und doch wissen wir, gelänge es uns wirklich, den Nächsten zu lieben, bräche der Friede auf Erden aus.

Also, ist diese Jesuanische Formel eine utopische oder gelingt sie Ihnen und mir?